基本を知り、応用を知れば百戦危うからず

ルアーフィッシング レッドオーシャン戦略

シーバス、タチウオ、アオリイカなど激戦の人気ターゲットを中心に釣果直結の基本とキモを詳解！

つり人社

目次

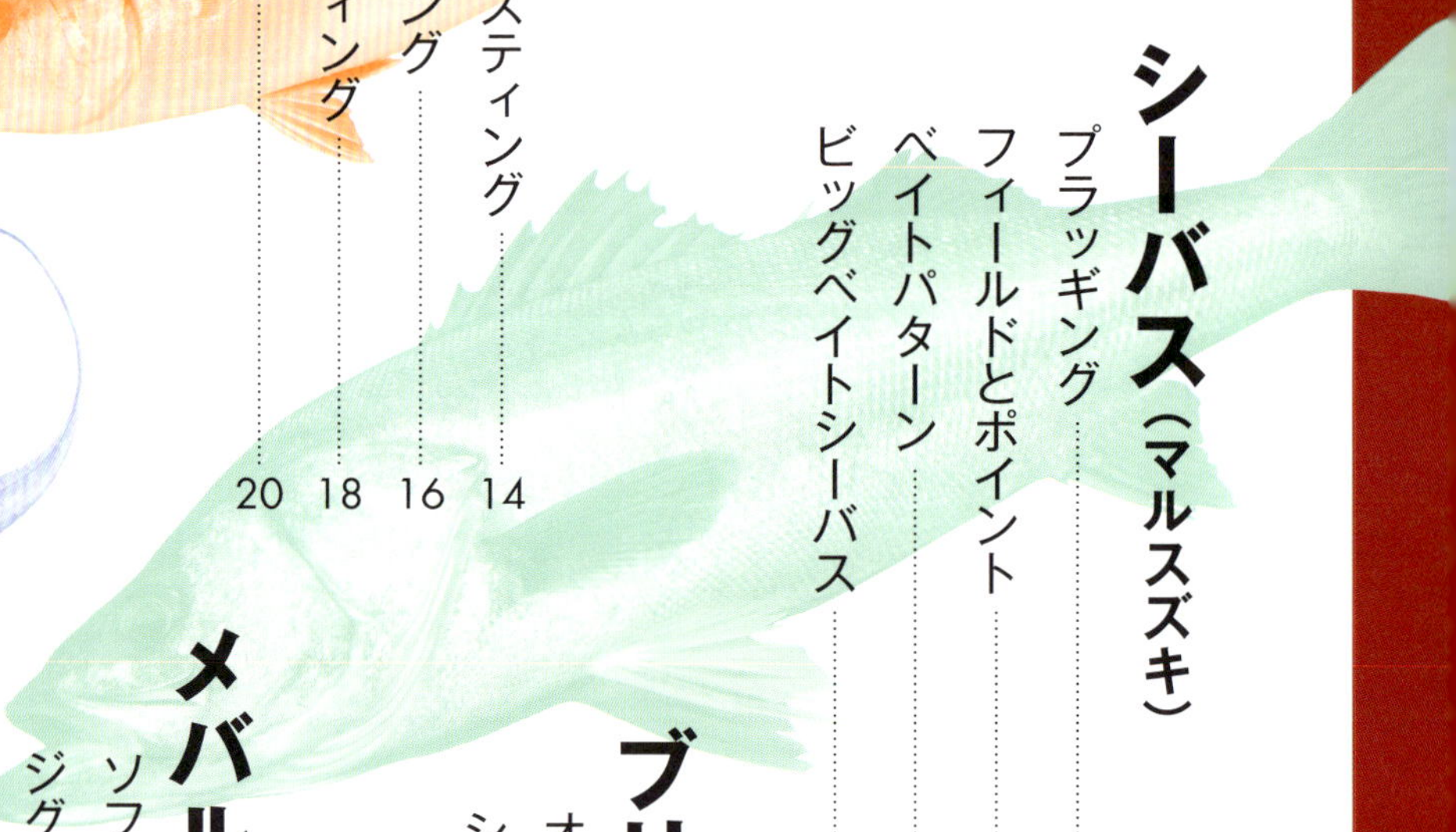

シーバス（マルスズキ）

プラッギング 6
フィールドとポイント 8
ベイトパターン 10
ビッグベイトシーバス 12

ヒラマサ

オフショアキャスティング 14
オフショアジギング 16
ショアキャスティング 18
ショアジギング 20

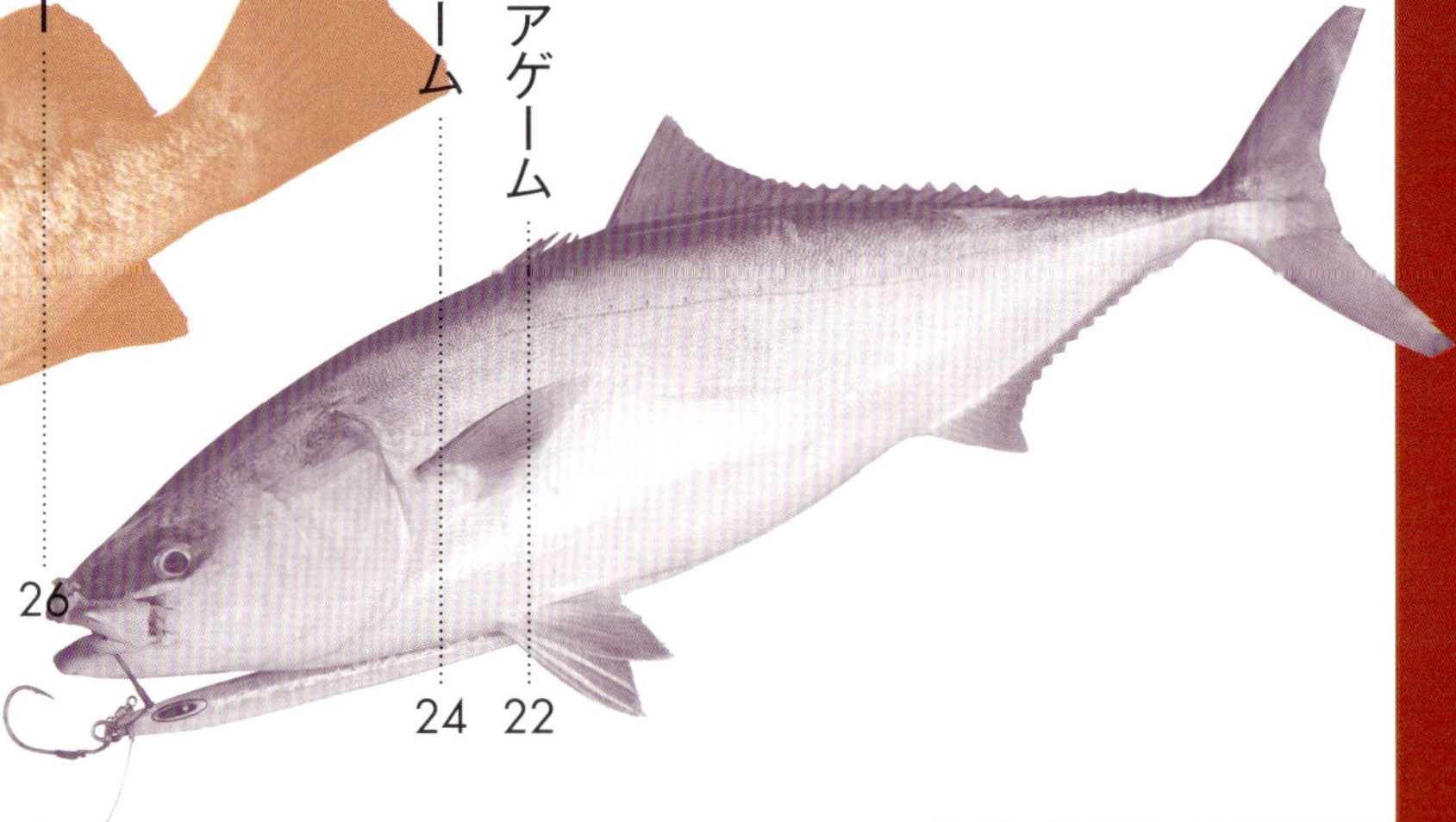

ブリ

オフショアゲーム 22
ショアゲーム 24

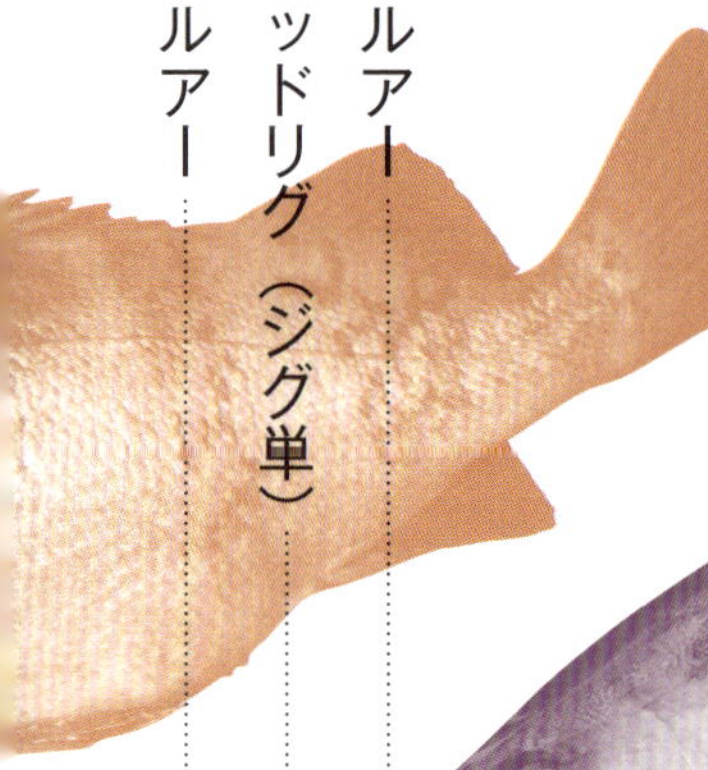

メバル

ソフトルアー 26
ジグヘッドリグ（ジグ単） 28
ハードルアー 30

アジ

ソフトルアー……32
ジグヘッドリグ（ジグ単）……34
ボート、バチコン、メタルジグ……36

ヒラメ

ミノーイング……38
ハードルアー……40
ソフトルアー……42

タチウオ

オフショアゲーム……44
ショアゲーム……46

ヒラスズキ

プラッギング……48
地磯釣行……50
沖磯釣行、アナザースタイル……52

カンパチ（幼魚含む）
ライトゲーム …… 54
ショアカンパチ …… 56
オフショアゲーム …… 58

シイラ
プラッギング …… 60

カツオ
ハードルアー …… 62

メッキ（エバ、GT含む）
プラッギング …… 64

カサゴ
ハード&ソフトルアー …… 66

アイナメ
ソフトルアー …… 68
ショアゲーム …… 70
ボートゲーム …… 72

ソイ（クロソイ、ベッコウゾイ、ムラソイetc含む）

ソフト＆ハードルアー……76

シロザケ（カラフトマス含む）

フロートスプーン……78
シロザケの大地・北海道……80
カラフトマス……82

アオリイカ

エギング……84
ジャーク＆フォール＆ステイ……86
時間帯と干満を重ねて考える……88
ティップラン＆ボートエギング……90

ルアーフィッシングの予備知識……93
沖磯瀬泊まり釣行備品リスト　春夏編……105
プラグ及びハードルアーの主な種類……106
漁具由来ルアーの主な種類……111

企画・編集・写真　小田部修久（フォトリレーション）
BOOKデザイン　佐藤安弘（イグアナ・グラフィックデザイン）
イラスト　廣田雅之

シーバス

（マルスズキ）

こんな魚

分布:全国／産卵期:冬／ベストシーズン：秋／食性：小魚、甲殻類／釣法：ハードとソフトの双方のルアーで成立／釣り場：岸（港湾部、河口、河川、磯、堤防）と沖

シーバスはこんな釣り

淡水のブラックバスに対して海水のシーバスといえるほど、我が国のソルトルアー黎明期から王道ターゲットに君臨する代表的な魚種。四季を通じて移ろうベイトに応じ、さまざまなルアーを用いて攻略するゲーム性の高さが大きな魅力で、運河や河口など、身近なところが釣り場となる。

釣　法

プラッギング

大小、浅深さまざまなタイプをどうフィットさせるか

3大要素

●干満差による流れへの意識
●キーベイトとその存在の有無
●地形変化による絞り込み

シーバスプラグといえばミノー

シーバスを攻略するのにミノーは不可欠。ルアーを準備するときは、特にミノーを充実させておきたい。

フローティングタイプを基本としつつ、食ってくる層や風やウネリといった自然状況の中で動きを安定させるためにシンキングも数個ずつ備えておくと心強い。

また、リップ付きのミノーはもちろん、リップレスも同じくらい重要である。

準備するルアーに広いバリエーションを備えさせるには、ウォブリング、ロール、ウォブンロールという動きの質が異なる3タイプを用意しておく。

一般的に強波動はウォブリング、微波動はロール、その中間がウォブンロールである。

流れの上流部に投げたルアーを流れに乗せるように下流へ流しながら、自分がポイントとして目を付けた地点でターンさせて探っていくのが典型的なアプローチ。

そのほか、着水したルアーが巻き始めてどのくらいでアクションし始めるかという「立ち上がりの早さ」も、ルアー選びの大切な観点となる。もちろん、立ち上がりがより早いルアーのほうが優秀であることはいうまでもない。

⬆ルアーは大小、波動の強弱と質の違い、立ち上がりの早さなどを加味して選びたい

⬅清流と呼べるような河川中流域でもシーバスはヒットする

ルアーセレクト

さまざまなタイプのルアーを持参し、いろいろなベイト、レンジ、巻きスピード、飛距離に対応できるようにしておく。トップウォーター、ミノー、リップレスミノー、シンキングペンシル、バイブレーションがあればほとんどの状況に対応できるため、これらはマスト５タイプといえる。大小のサイズ違いのほか、似た波動や似た動きのものではなく、バリエーションを備えておくのがコツ。

基本タックル&基本釣法

ロッド：シーバス専用ロッド８～9ft
リール：PE1号が200m巻けるリール
ライン：PE1～1.2号
リーダー：フロロカーボン４～５号

◉オカッパリで釣り歩くことも多いので、タックルは１組を持ち歩くほうが機動力は上がる。ロッド選びは釣り場の広さと釣れるサイズを考慮して選ぶとよい。ルアーを投げたらアクションを加えずにただ巻いてくるところからスタートし、食ってきそうなポイントでロッドを軽くシャクってワンアクション入れるといい変化になり、特にシーバスではこうしたバイトの間を作ることが重要とされる。

➡８～9ftのMクラスは汎用性が高い。もっとも、ボートから釣るときは少し短めの6～7ftがやりやすい

ステップアップ

干満差に応じて潮位と流れに変化が出る。シーバスはこの変化のどこかで時合が到来する。上げ下げが転じる潮変わりは大きなチャンスだ。釣り場に通えば、この潮位のこの流れの方向のときにここでヒットする、というところまでわかってくる。さらにはそこで効くルアーや投げる場所までもが明確になる。

⬅潮の干満の影響があり、エサが豊富な河口域はシーバスの最重要釣り場の１つ

My Keyword

自分で発見した秘訣をメモしておこう

フィールドとポイント

湾内、河口、河川、磯、橋脚、明暗 etc.

堰

堰がある河川は日本には多く存在し、堰周りは昼夜の別なく好ポイントになる。ただし、堰の周辺は釣り禁止になっているところが多いので要注意。釣りをしていい場所かどうかを確認するようにしたい。さらに知っておきたいのは、雨が降ると開門するところだ。すべての門が開放されることは少なく、中央や岸に最も近い門などさまざまである。当然、開放された門の近くが絶好のポイントになりやすい。何番目の門が開いているかという情報はシーバスをキャッチするための有力な手がかりだ。また、雨量によっては大量のゴミが流されてくるため、開門後は釣りにならないケースもある。

➡堰もいろいろ。これは大堰と呼ばれる大規模な堰。何番目の水門が開放されるかに注目しておきたい

⬅清流に設置された小規模の堰。潮位が高くなったり、水位が増すと水面下に隠れるタイプも多い。白く泡立った流れの下流部がよいポイントになりやすい

湾内

湾内もオープンエリアであり、河川や河口に比べると規模が大きい。それだけにベイトという要素が大きなウエイトを占める。特に、ベイトが動き始める朝マヅメは一気に活性が上がることが多く、朝マヅメは外したくない時間帯だ。時合に当たれば非常にキャッチしやすいが、時合の長さはその日次第で短くも長くもなるため、トラブルにならないように気をつけておきたい。ラインが絡んでいるうちにチャンスタイムが終わったというケースは意外に多い。

⬅湾内の日中にはこうした立て杭に付きやすい。ただし、岸からねらえる場所だとシーバスの警戒心はとても強くなっている。ボートからだといい反応が得られやすいが、キャスト精度が問われる

河口

河川は山からの栄養を流れとともに海に運ぶといわれている。そのため小魚が集まりやすい。カニやエビといった甲殻類にイソメなどの虫も多い。日本各地にはシーバスで名を馳せる川があり、その多くは広大な平野にある。平野は標高差が少ない。つまり、そこを流れる河川は、シーバスにとっては奥（上流）まで入りやすいのだ。堰のない川では驚くほど上流までシーバスが釣れる。河口部で注目したいのは、地形である。左右のどちらかにカーブしていれば、一方が流れの強いアウトサイドになり、一方が緩やかな流れのインサイドになる。上げ下げで変わる流れとともに、どちらのサイドが有利なのかを探りたい。河口の流れは、総じて下げ潮が速く、上げ潮は潮の流れと川の流れが拮抗するため緩くなりがちだ。

⬅河口のカーブした地形は釣りをするポジションを選ぶうえで重要なヒントとなる。また、河川及び河口は毎年の雨量などで土砂の堆積が変化しやすく、地形と水深ともに変わりやすい

➡河口でもタマヅメはチャンスになりやすい

磯

湾内同様に朝マヅメがゴールデンタイムになりやすい。特に、日の出に続いて太陽が昇り、直射日光が海面に差し込み始めたときは魚にも変化が現われやすい。たくさんのベイトが入っているときは、湾内も磯もとても釣れる確率が高くなり、また一定期間続くことも多い。特にイワシ系の小魚が入ると数釣りのチャンスだ。

⬆磯はベイト量と時間帯が鍵になりやすい。一転、相当量のベイトがいれば長く楽しめる傾向にある

水門

河川と田畑、河川と支流や細流などをつなぐ水門には小魚が集まりやすく、それをねらってシーバスも集まる。こういう場所を釣るときは、声をひそめて、音もなるべく出さないほうがよい。接近戦なので、相手に存在を悟られると警戒されてしまう。また、日頃からよくチェックされている場所なので、魚がスレている傾向が強い。こういう釣り場ではジグヘッド+ワーム、しかもアジやメバルを釣るような小さめが効きやすい。雨などで濁りが入ればチャンスは増す。

⬆右手の水門から濁った流れが流入しているところ。こうした流れはシーバスにとって隠れ蓑になりやすく、活性が上がりやすい。ただし、普段から叩かれてスレている可能性も高いため、小さめのルアーがハマりやすい

河川

シーバスは清流然としたところにもエサを求めて入ってくる。こうした場所にいるシーバスは、エサを食うときだけ流れの強い場所や捕食に都合のよい傾斜の上などに出てくる。それ以外は岸の草陰や地形的に落ち込んだ部分などに付いている。いわゆる待機場所であることが多く、なかなか食ってこない。もちろんエサを食うための付き場もあり、そこではすごく反応がよくなる。いずれにしても流れが変化したところは要チェックで、シーバスは案外速い流れのところにもいる。

⬆アユなどが多い清流。こうした瀬の中にもシーバスは突っ込んできてアユなどを漁るが、流れが変化したところ、ちょっとした淀みの際などがポイントになりやすい

橋脚

シーバスが身を隠しながらエサを待ち構える最もポピュラーなポイント。死角ができるうえに流れにも変化がつきやすく、また砂の堆積などによって地形も変化しやすい。橋脚は夜の灯下の明暗の釣りとワンセットで考えられがちだが、日差しを受けて影を作り出す点では日中も同じである。特に、大きな橋の下は日中に広いシェード（影）となり、シーバスとエサとなる小魚が身を寄せやすい。

⬆日没をすぎ、外灯が灯った橋の下は橋脚という障害物のほかに明暗の境界が作り出され、シーバス筆頭のポイントとなる

山間を縫うように流れるこうした河川はアユがメインベイトになりやすい

ベイトパターン

そのとき食っているものをルアーで演じて攻略する

アユ

春の稚アユ、晩秋から初冬の落ちアユと、シーバスにおけるアユは2シーズンある。稚アユは文字どおりサイズが小さいため、5～7㎝を中心に10㎝未満のプラグを準備するほか、ジグヘッド＋2～3inのワームも有効だ。一方、落ちアユは15㎝前後の大きめのミノーやリップレスミノーが合いやすい。アユがベイトのときは日中、夜のどちらでもゲームが成立する。日中は浅瀬から続く落ち込みや速い流れと緩い流れの境界、夜は浅瀬や緩い流れ、外灯の明暗の境界付近などが主だったポイントになる。特に、稚アユのときに注意しておきたいのは、群れた稚アユを散らさないアプローチだ。稚アユのど真ん中にルアーを投じたり、派手な着水音が立つような投入は控えるべきである。つまり、直接ねらうよりも少し離れたところにルアーを入れて、流れに乗せて送り込むのが正攻法である。

カタクチイワシ

周年いるベイトフィッシュで、エリアによって季節が異なるようだ。磯、サーフ、港湾部などあらゆる場所に出没する。共通点は、湾内や河口など、袋小路状の釣り場に入るとしばらくそこに留まり、いる間はシーバスだけではなくほかの魚食魚もよく釣れる。食われるときは水面付近に追い込まれることが多いため、トップウォータープラグが有効で、その反応次第でフローティングミノーなど、少しずつ探る層を下げていけばよい。ちなみにカタクチイワシがベイトだと、夜明けから日暮れまでの日中の釣りになりやすい。日中のシーバスは基本的に速巻きで釣ることが多く、カタクチイワシのときもその基本を中心にしつつ、緩急のアレンジを加える。

➡カタクチイワシはベイトフィッシュを代表する魚。食いやすく、大きな群れで泳ぐためたくさん食べられる

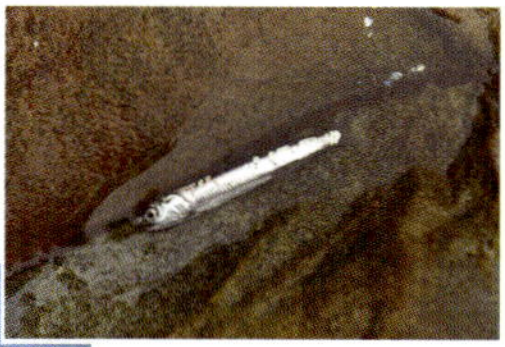

⬅水面をクルクルと回るカタクチイワシ。九州地方ではクルクルイワシパターンと呼ばれる

コノシロ

シーバスのベイトでは落ちアユと並んで最大クラスといえるベイト。コノシロもまた群れで水道や湾内、河口や河川内に入ってくる。比較的に浅い層を泳ぐため、シーバスにとっては捕食しやすく、人間にとっては見つけやすい魚だ。コノシロを食っているシーバスは肥えてサイズもよい場合が多い。釣りをしていてルアーにゴツンとコノシロがぶつかるようなら大いにチャンスがある。ルアーは大きめのミノーを中心に、リップレスミノーやシンキンペンシル、バイブレーションなど。ルアーサイズは小さくても強い波動が出るものならばアピールできる。

➡コノシロは晩秋～冬のベイト。産卵を控えたシーバスにとっては大きくて脂の乗ったコノシロは恰好の栄養源である

⬅プラグのサイズはそのときシーバスが好んで食っているエサの大きさに合わせるのが好ましいが、意図的にサイズを大きくして波動は弱くするという手もある。逆に小さくして強波動タイプにするのも選択肢だ

バチ抜け

早春～晩春までの釣りで、多毛類（イソメなどの虫）の産卵時期に成立するパターンだ。春の満月の大潮の夜になると、いつもは砂地や砂泥、カキ殻、敷石の隙間などに隠れている多毛類が産卵のために海面に浮上して産卵行動に入る。これは大きな干満差を利用して卵を遠くに運ばせるためといわれている。海面に浮上したバチ（多毛類）は表層を漂い、そこをシーバスに捕食される。多くのバチは流れに乗って漂っているだけに等しく、シーバスからすれば労せずに食える。そのため、動かしすぎがアダになるケースがしばしばある。ミノー、リップレスミノー、シンキングペンシルを流れに乗せるのが王道アプローチだ。ただし、なかには海面に浮上しない「底バチ」と呼ばれるのもあるほか、活発に泳ぎ回るバチもいるといわれ、そのときはジグヘッド＋ワームが有効だったりする。

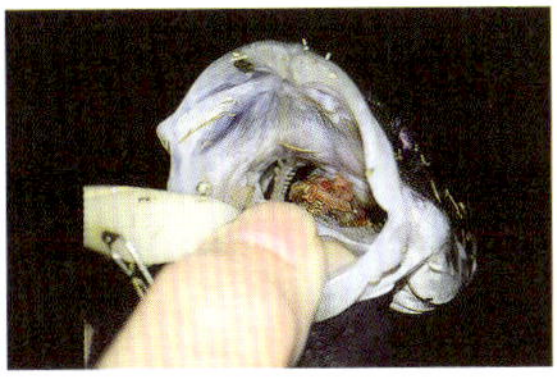

⬆のど元からのぞいたバチ（イソメなどの多毛類）

⬆河口のちょっとしたワンドでねらうのはバチパターンのシーバス。ルアーを流れに乗せて漂わせる

➡シーバスではパターンに応じて有効なルアーが変わってくる。ルアーの種類では淡水のブラックバスに劣らない多様性を備えている

サヨリ

サヨリもまた日中、夜ともに成立するベイトフィッシュで、数あるシーバスパターンの中では難しいといわれている。この魚自体の習性が表層付近を遊泳することから、用意するのは12～15㎝の表層のプラグに絞ってもいいくらいである。とはいえ、飛距離のほか、サワラやカンパチの幼魚といった他魚との遭遇の観点からもバイブレーションは1～2個忍ばせておいたほうがいいのはもちろんだ。さて、サヨリの体型はサンマやダツと似ていて細長く、魚体の後半の尾ビレ付近を動かし、頭部から腹部までの魚体の大半はほとんど動かさずに泳ぐ。そのため、波動が出すぎないプラグ、または波動が抑えられるスピードで探るのがよい。ただ巻きのほか、ロッドをテイクバックさせてルアーを動かしたら、ロッドを元の位置に戻しながらイトを巻き取るアプローチを試したい。

雨後増水

雨による増水は平時の水量を上回るため、同じ釣り場でもいつもより水かさが増し、そこにエサが上流から流されてくる。しかも、ほとんどが濁りを伴っているため、シーバスの警戒心が解かれやすく、なおかつ人間が付近にいても気づかれにくい。雨後増水は、降雨量にもよるが雨がやんだ翌日もしくは翌々日にピークがくることが多い。増水したてはシーバスがまだ充分に入っていないこともよくあるだけでなく、水かさがありすぎて立ち位置やウエーディングエリアといった行動範囲が限られやすい。シーバスが充分に入っていれば堰や段差といった特級ポイント以外にも、少し下ったカケアガリ、流れの境界、護岸の消波ブロック、瀬の中の岩など、さまざまなポイントで釣れるようになる。

日中の橋の明暗

シーバスの食い気で考えると日中よりも夜のほうが高い。夜は捕食のために待機場所を離れてさまざまなポイントへ付き場を変える。一方、日中は夜の捕食行動に入るまでの休憩時間とも考えられるが、目の前にエサが流れてくれば捕食するほか、そう多くはないが、活動的に自分から動いてエサを追う個体もいる。そんな状態にあるシーバスは、日中のタチウオやケンサキイカと似たところがあり、居場所を絞りやすい。日中に影ができる橋の下はシーバスにとって絶好の待機場所となる。明るいところに投げたルアーが暗いところに入った瞬間にアタリが出ることも非常に多い。

⬆晴れの日中でも橋の下はここまで暗くなる

➡遠目に見てもルアーの大きさがわかる

釣 法

ビッグベイトシーバス

200mm超えプラグによる陶酔の釣り心地

釣り場

河口付近の河川に架かる橋の周りが釣り場となる。当然、橋が多いほうがポイントは多くなるゆえ、郊外よりは市街地向きのアプローチといえる。昼夜可能だが、人が行き交う日中の街中で10kgのヒラマサでも釣るような大きなプラグを持ち出すギャップ、世界観がこの釣りを支える大きな魅力で、都会で人知れず白昼の市街戦に興じるところがマニアを引きつけている。

⬆ねらいどおり橋脚の際でビッグベイトに反応したシーバス

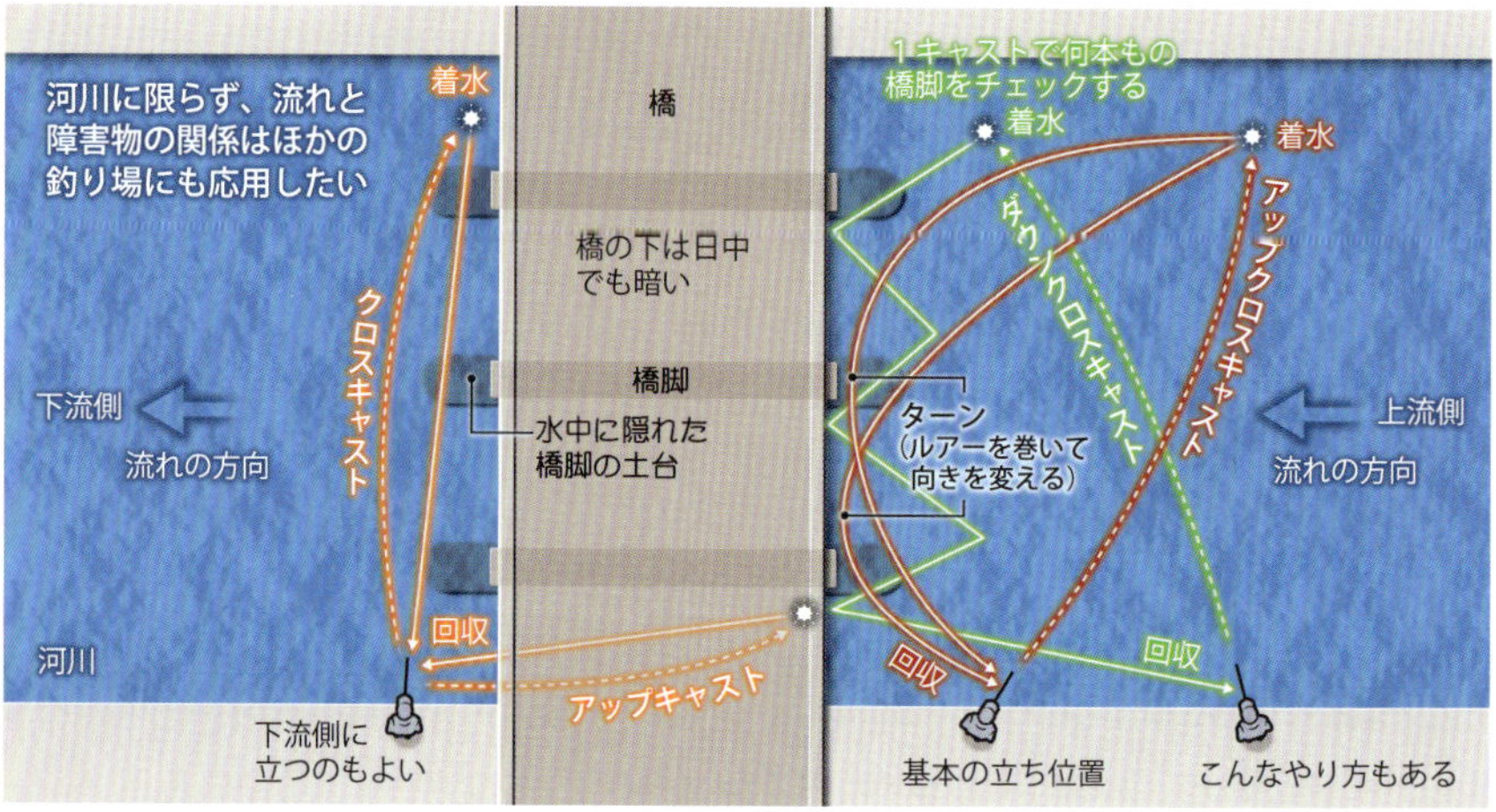

通称・ビッグベイト

明確な定義があるわけではないが、コノシロをイミテートできる200㎜前後の大きなミノーを総称してビッグベイトと呼ぶ。ロングミノーと一線を画するのは、ルアーボディーのボリューム感の違いで、ロングミノーはスリムで長いのに対し、ビッグベイトは長くて太い。当然、水中での波動も異なる。基本的な使い方は、上流に投げて下流への流れに同調させながらも、かすかに波動を出してルアーが存在感を放つようにする。注意点は、シーバスが吸い込んできたときのラインの張り加減だ。当然、大きいために、シーバスは思い切り吸い込もうとする。もちろん、ルアーサイズが大きいぶん重量があるので容易には口中に入らない。ただし、ボディーに比してフックは軽いため、強い吸い込みに対して口中及び口周りに引き込まれやすく、その付近の肉に掛かりやすい。そのときに明暗を分けるのがラインだ。ラインを張りすぎていると引き込みの抵抗となる。よって、吸い込まれたらスッと入っていける張り加減が理想。さらに、ラインを水に浸けておくと水との抵抗が生まれ、これまた吸い込みの抵抗となるゆえ、ラインはなるべく空気中に出してコントロールするのがよい。そのほか、下流方向に投げて引っ張るのもよく、歩きながら岸際を引くのにも反応する。

⬆下から2番目と最下の大きなプラグがビッグベイトシーバスのメインプラグ。上の細身のロングミノーはビッグベイトのフォローとして用意されたもの

コノシロベイト

このキーとなるベイトがいないことには話が始まらない。コノシロは夏の終わりから秋にかけて河川内に入ってくる。同様にシーバスも塩分濃度の薄い河川内に入ってくるが、一説では魚体に寄生したグソクムシなどを洗い落とすためだといわれている。つまり、シーバスにとってはボディーメンテナンスと同時にコノシロという食べ応えのあるエサにありつけて栄養補給までできてしまう一石二鳥の営みなのだ。

⬆河川を泳ぐコノシロ。群れからはぐれた個体だと思われる。ちなみにこのあとシーバスの胃袋へ消えた

ベイトタックル

ロッドはシーバス用、ラインはシーバスというターゲットと使用ルアーを考慮してPE2号、フロロリーダー10～12号を合わせるのがベストだ。しかし、何しろ投げるルアーが大きくて重く、最大で80gほどになるため、タックルはベイトがやりやすく、向いている。投げ損ねると着水音も派手になって魚を散らす可能性があり、投げたあと、着水寸前にラインを指で押さえてやんわり落とせるベイトリールが適合している。

⬆強いシーバス専用ロッドのベイトモデルにシーバス用ベイトキャスティングリールが合っている

ヒラマサ

こんな魚

分布：北日本～九州北部／産卵期：春／ベストシーズン：春、初夏、初冬／食性：魚食性が高い／釣法：ほとんどがハードルアーで行なう／釣り場：岸（磯）と沖

ヒラマサはこんな釣り

沖でキャスティングしてヒラマサをねらう釣りが誕生して10年強という新しいジャンル。それまではジギングで海中を探っていたが、この釣りは30mまでの比較的浅い場所で行なうことのほうが多く、投げたルアーを引いてくる水平方向の釣りで、障害物をかわしやすいため大型キャッチの期待が高い。

釣　法

オフショアキャスティング

ダイビングペンシルを筆頭とする刺激的な表層勝負

3大要素

◉プラグの水絡みの具合を見る、変える
◉船の進行具合と投げるタイミング
◉ルアーを引くスピードの調整

単純作業の繰り返しに見えるが……

オフショアのヒラマサキャスティングは、10kg、ときには20kgオーバーの大ものも釣れ、春夏秋冬どの季節にも、その可能性が秘められている。

だからといっていつもそんな大型が釣れるわけではない。

ベイトと流れ、しっかりとしたタックルの準備があってはじめてキャッチできる、自分にとって勲章にもなる魚だ。

シケ気味のほうが大型が釣れやすいといわれており、季節によって移ろうベイトを考慮してルアーを選びたい。

具体的なベイトを挙げると、サンマ、ダツ、トビウオ、シイラやブリやカツオの幼魚、カタクチイワシやアジなど。

ルアーが着水したらロッドをテイクバックさせてジャークし、一定のリズムでルアーを動かしながら巻き取ってくる。このとき、船がどんな流れ方をしているかをつぶさに観察することが重要だ。

さらに、投げるタイミングを同船者と意図的にずらして探ることも有効で、ルアー選びや船の進行具合と同様に鍵を握る。

関東の外房、佐渡島から山陰にかけて、九州の玄界灘が有名で、この3エリアを総合して考えると、シーズンオフはないに等しい。

ルアーセレクト

トップウォータープラグのペンシルベイトのなかで潜るタイプをダイビングペンシルと呼ぶ。着水すると頭を空に向けて立った状態で浮くが、姿勢はさまざまで、垂直に近いものや寝た状態に近いものまである。垂直に近いと入水時に飛沫を上げ、そこにボディーを隠して誘い、寝た状態に近いと水面上を縫うように動く。当然、どの程度水に潜るかという違いも出るため、それらを使い分ける。

➡大小のほか、浮き姿勢や吃水の違いなどを用意しておきたい

⬅ダイビングペンシルが使われることが多いが、音と泡で誘えるポッパーも有効。数個は必ず備えておきたい

基本タックル&基本釣法

ロッド：キャスティング用ヒラマサロッド 7～8ft
リール：PE5～6号が300m巻ける
　　　　スピニングリール
ライン：PE6号
リーダー：ナイロン25～30号

◉タックルに関してはPE5～8号の大型に合わせたものと、2～3号のPEに8～10号リーダーのライトなタイプの2方向の流れができている。ライトだかといって小型を想定しているわけではなく、小さなルアーが扱えるメリットが受け入れられている。ルアーは軽いもので50g前後、重いと150g前後あるため、まずは真っすぐ投げられることが前提だ。着水したら一定のリズムでジャークしては巻き取っていく。

➡タックルは、できれば使うルアーサイズに合わせて数組あると釣りがスムーズ。マニアのなかにはルアーそれぞれにタックルを用意し、ルアー交換の手間を省いている人もいる

ステップアップ

プラグとリーダーの結束は、人によってさまざまある。かつてはソリッドリングにスプリットリングを使って結ばれることが多かったが、現在は写真のように金属を介さずにリーダーをルアーに直結するスタイルも多い。こうするとアクション時に金属音を出さないため、魚から警戒されにくいといわれている。

➡最近はリーダーを直結する結束が増えている

My Keyword

自分で発見した秘訣をメモしておこう

駆け引き

ヒラマサが掛かったあと、その引きを受け止めて走りを止められれば勝機が見えるため、リールからイトが出ないようにドラグをきつく締め込むことが多いが、最近は発想の転換で、緩いドラグで駆け引きしながら相手の体力を消耗させるファイトスタイルもある。

⬆ヒラマサの強烈な引きは何度味わってもたまらない。やり取りを繰り返し経験することによって、力の入れどき、入れ具合が身につき、駆け引きもうまくなっていく

基本的な考え方

水平方向に釣るキャスティングの３大要素は、そのまま角度を垂直に変えてイメージするとジギングを理解しやすい。つまり、釣りながらジグがどう水に絡んで動いているかを感じ取り、抜ける動きのジグのほうがよいのか、もっと絡んで抵抗を感じるジグのほうがよいのかを試す。同時に船がどの程度の速さで流れているかによってジグの重さやライン角度を考え、ジグをシャクるスピードをさまざまに変えて反応をうかがうようにしたい。かつてはひたすら体力勝負で激しくジャカジャカと巻き続けていたが、現在はそれだけがジギングではなくなっている。どの層で潮が動いているか、船が流れることでどのくらいライン角度がつくかといった読みは、ほかのオフショアの釣り、たとえばタイラバにも通じるものがあり、船釣りの土台でもある。

➡ジギングもキャスティングも繰り返しの中に細かな変化を見つけ、そこにルアー選びと誘い方を合わせていく意識が大切だ

釣法

オフショアジギング

食わせ技と底付近での熾烈な格闘が醍醐味

フックセッティング

スーパーライトジギングではジグの前後に２本ずつ、合計４本のフックをセットするが、ヒラマサのジギングでは前方に２本ないし１本のフックセッティングが基本である。フックの大きさはジグのボディーを噛んでもハリ先が肉をとらえられるようにしておき、タラシの長さは掛かり具合で調整する。食いが渋いと、弱い吸い込みでも口中に入りやすいタラシの長いフックが合いやすい。

➡フックセッティングは前方に２本がオーソドックス

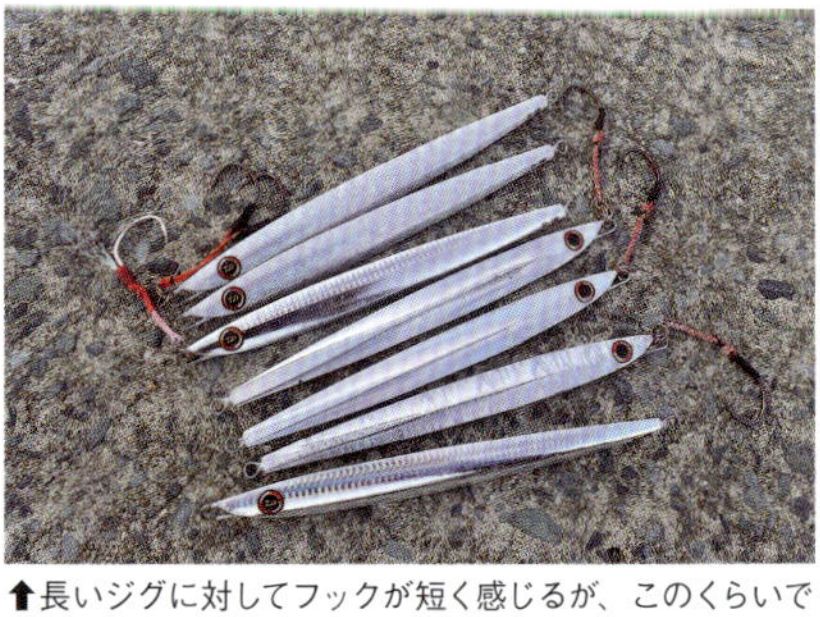

⬆長いジグに対してフックが短く感じるが、このくらいでヒットしてくる

瀬や魚礁

ヒラマサは障害物を好むため、船は岩礁帯の海底や魚礁の上を流していく。ジギングで大型のヒラマサをキャッチするのが難しいのは、障害物との近さゆえだ。ヒラマサはハリ掛かりすると猛烈なスピードで障害物周りを走る。1、2、3回と繰り返し突っ込もうとするため、釣り人はファーストラン、セカンドラン、サードランと呼んでファイトの心構えとしている。天然の岩礁帯である瀬も魚礁も厄介だが、取り込みがややこしいのは魚礁といわれており、魚礁を釣るときはなるべく上の層、魚礁のてっぺん付近で掛けるイメージで釣るようにしたい。どちらを釣るにしてもジギングの釣りのスタートは着底からで、これも多くの沖釣りと共通している。

⬆魚礁はよく魚が付くが、釣り人を悩ませる存在でもある。さまざまな漁礁があり、中には高層階のものも

タックル

ジギングタックルの流れもキャスティング同様に、従来のヘビー路線に加えてライトタックルも浸透しているほか、スロージギングメソッドも取り入れられるようになっている。したがってヘビーなスピニングタックル、ライトなスピニングタックル、スロー用ベイトタックルの3路線がある。ロッドの長さはいずれも5～6ft、PEライン号数はそれぞれ4、3、2号と違いがあるが、リーダーはいずれもロッドのパワーに応じて10～15号を使用する場合が多い。

⬅ロングジグを使ったハードタックルで取った1尾

⬆スロー系ショートジグや左右非対称のロングジグを操作するときはベイトタックルとの相性がよい

ジグ選びの3視点

ジグの重さについては水深と潮流を考慮する。これはタイラバなどのほかの沖釣りと同様である。どんなジグを選ぶかというタイプ別の選択については3つ視点がある。左右対称形状のロングジグが1つ、左右非対称のロングジグが2つめ、スロー系ショートジグが3つめである。この違いはアクションの違いになる。最初のタイプは軌道の長い動きの大きなアクション。次は軌道や動きの大きさの規模をやや小さくしたアクションで回数を多く動かして誘い、最後は底~下層を中心にもっと細かい動きでコンパクトな誘いで探るのに適している。1つの展開パターンとしては、最初はロングジグで幅広く探り、食ってくる層が狭かったり限られているとき、流れが緩いときは左右非対称のロングジグに、さらに渋いときや他魚も視野に入れて釣るときはスロー系ショートジグにする。

⬆ジグの3タイプは左右対称ロングジグ、左右非対称ロングジグ、スロー系ショートジグ

フィールド

　地磯と沖磯が釣り場で、沖磯は瀬渡し船で釣行する。地磯はいくつかのタイプに分かれる。まずは自宅から陸行できる文字どおりの地磯だ。アクセスしやすいため、先行者やライバルが多いのが特徴である。次に、定期船で渡る離島の地磯。これは比較的人が少なく、キャンプなどをすれば自分の好きな時間で行動が可能となる。最後は瀬渡し船で渡る地磯で、これは陸行が困難な地磯や離島の地磯が含まれる。日帰りでも釣行時間がたっぷり取れるほか、困難な山歩きを省略でき、船でサッとアクセスできる。

⬆ショアキャスティングでは朝マヅメはベイトが動き出す最重要な時間帯だ

⬆海鳥はベイトの存在を知らせる使者。鳥が多いほどエサとなるベイトも多い。こうした光景は日中にも起きるが、多くは夜明けに繰り広げられる

釣　法

ショアキャスティング

根本的な釣りの仕組みは オフショアキャスティングと同じ

使用タックル

　ショアキャスティングのタックルは、ロッドの長さが 10 ～ 11ft 弱、PE は記録サイズねらいは 8 号、大型ねらいは 6 ～ 5 号、リールはそれらに見合った大きさで 300 mほどのラインキャパシティーがあるものが適している。リーダーはナイロンの 35 ～ 50 号。大切なのは釣りたいサイズに見合ったパワーにすることだが、自分が終日楽に振り続けられる組み合わせにする視点も必要だ。ショアキャスティングロッドとショアジギングロッドを比較した場合、穂先が少し柔軟に作られているのは前者で、それでもプロやエキスパートモデルは硬めに仕上げられているので、操作性の難度が上がる傾向にある。そのため充分に確かめて、イメージにとらわれず自分に合ったものを探したい。

➡使用タックルの軽さは購入時の着眼点の１つ

ベストの季節は絞られる。ベイトが鍵

　ショアキャスティングも、釣りの仕組みの点ではオフショアキャスティングと重なるところが多い。沖同様に周年ねらえることから最近は釣り人の動きも季節を問わなくなりつつある。

　それでもオフショアに比べるとシーズンは限られ、よりベイトの動向が釣果に大きく関係する。ここでいうベイトとは、単にエサになり得る小魚が釣り場に入っていればいいというものではなく、そのときにヒラマサが好んで捕食しているキーベイトを差す。

　キーベイトになることが多いのは、トビウオ、カマス、サンマ、ブリの幼魚、イワシやキビナゴなどの細身で小ぶりなまさしく小魚の類。

　季節が限られるのは、地磯あるいは沖磯といった釣り場との関係が深い。

使用プラグ

ショアでもダイビングペンシルとポッパーの２大青ものプラグは欠かせない。加えて、フォロー的な位置づけとしてミノーを用意する人が多い。最近は青ものを対象としたミノーも登場しているが、ヒラスズキ用などの頑丈なタイプを流用するケースも多い。オフショアと同様、各タイプを携えてバリエーションを広く用意しておきたい。ずんぐりして丸みを帯びたタイプは水押しが強く、これが垂直に立つ浮き姿勢なら、操作時に海中に突っ込んで左右に蛇行する動きを見せたあとに浮上する。逆に、細身で両サイドに平らな面があるタイプは左右にヒラ打ちし、アクションに加えて光の反射でも誘ってくれる。水平に近い姿勢で浮けば、当て潮でももたつかずにしっかり泳いでくれ、アピールしてくれる。頭部にカップを持つポッパーは未明の薄暗い時間帯に音と泡で誘ってくれるが、カップが浅いと水の撹拌が得意だし、カップが深いと音のアピールが得意なほか、シケ気味でもよく水をつかんでくれる。いずれにしても船よりも足場が高いところで行なうことがほとんどなので、水つかみのよいプラグは必携だ。その点ではリップ付きのミノーも心強い。

⬅青もの用プラグはショアでもオフショアでも使える

⬆持参するルアーにミノーを数本混ぜておくのが多くなってきた

⬅ルアーを襲って水面を割ったヒラマサ。うまく魚体を傾けてわずかにヒレだけが見えている

基本メソッド

シーバス、ヒラスズキ、ヒラメしかり、そしてこのヒラマサも１回１回のキャスティングごとに、どこに投げてどういうコースを辿らせ、どこで食わせるというイメージをはっきり持って投げるようにしたい。アクションの連続性、ちょっとの間、ジャークストロークの長短に変化をつけるなど、プラグに生命を吹き込むように取り組みたい。

➡くるかな？　本当にきたらどうする？　とドキドキしながらキャストを繰り返すのは数ある釣りのなかでもそう多くはない

機動力で比べると、どうしても船に軍配が上がる。船は反応の鈍い釣り場をどんどん見切っていけるが、地磯や沖磯ではそうはいかない。

特定のベイトは少なければヒットする確率は低いし、ベイトはいても流れが緩くて時合がこなければヒットも遠い。さらに、潮が流れてくれていても、その方向がよくなければバイトを引き出すのが難しくなる。

こうしたままならなさもまた、ショア派からすれば愛すべき制約のようで、行く手に立ちはだかる壁を乗り越えてキャッチするヒラマサに大きな価値を見出している。

かくして、ショア派は日々潮汐表を眺め、水温や渡船の釣果などに注目している。ショアの釣りもまた情報が重要だ。

そして、できれば丸1日の釣行を数日するよりも朝限定の短時間釣行を1週間繰り返すほうがヒラマサに接近できる。

釣法

ショアジギング

ショアでもヒラマサ釣りの始まりはジギングだった

ショアジギングの四季

磯や堤防などの岸から、メタルジグを遠投してヒラマサを釣る動きが本格化したのは2004~2005年頃である。

沖も岸も、ヒラマサのルアー釣りの始まりはメタルジグのほうが早く、黎明期はジグ一色だった。

ジグを投げたらいったん底まで沈め、その後はしっかりと動かすためにロッドを連続ジャークしてアピールし、数回繰り返したのちにフォールさせる。

ヒットはそのフォール中やジャークの合間で、ジグが見せる横っ飛びの滑空するような動きのときだ。これは、スライドと表現され、ヒラマサに食わせるためのキーアクションと考えられている。

ジグでこのスライドを生み出すためには、腕がパンパンになるまでサオを動かし続けなければならないと考えられていた。

流れを知る

今や磯に渡るヒラマサ釣りの人のほとんどはジグとプラグの両方を持参する。途中で切り替えながらやるほうが集中力を持続できるし、釣趣も異なる。どちらかというと現在はキャスティング人気が非常に高い。しかし、ジギングのよいところは、仮に魚からのバイトがなくても潮の状態を知ることができる点。表層ではなく、ヒラマサが潜む海中の潮が動いているか否かがわかるのだ。慣れれば強弱のみならず、方向まで把握できる。ここで得られた情報は、そのままキャスティングにも活かせる。海の中の状況を把握可能なジギングは、キャスティングの釣りを補ってくれる。

⬅ジグは海中の状態を知る手がかりを多く得られる

ジグのタイプとロッドアクションの組み合わせ

ルアーにはどれも重心がある。小さな金属体であるジグは、物体における重心のバランスが動きに顕著に出やすいルアーだ。大きく分けると前方重心、中央重心、後方重心の3タイプがある。中央から後方重心、特にはっきりとした後方重心はジャークすると後方が跳ね上がる。そのため硬い穂先のロッドで力強くジャークすると持ち味を発揮しやすい。一方、中央から前方重心のジグはジギング用ロッドの中でも多少軟らかめで、力を抜き気味にしたジャークで扱うとスライドする動きを取ってくれる。理想はどちらも所有することだが、自分に合ったやり方はどちらかを考えてロッドやジグを選ぶとよい。

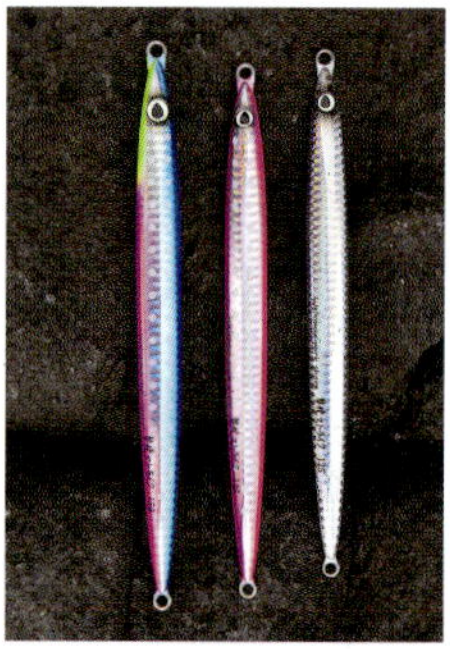

➡ルアー釣りにも当然トレンドがあり、ジグでは水平フォールが注目されている

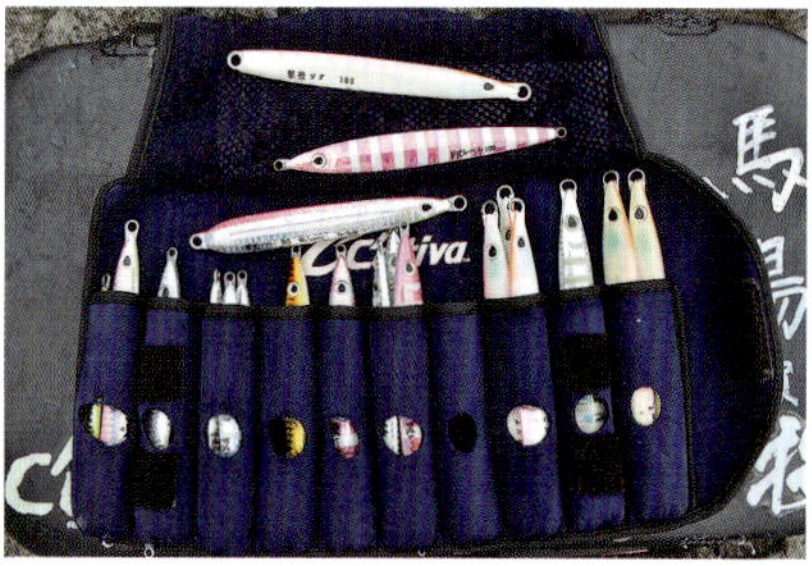

⬆磯で使うジグは100g前後がメイン

タックル

ショアジギングタックルは、長さはショアキャスティングとほぼ同じかやや短い9ft後半～10ftが多い。PEは4号が主流、リールはラインが300m巻ける大きさ、リーダーはフロロ16～18号だ。穂先はショアキャスティングロッドよりも張りがあって、底に沈めたジグをしっかり動かせるようになっている。概ねジャークしやすいように軽く仕上げているため、ロッドを立てすぎると破損しやすいので要注意だ。障害物のある海底に届けるのにキャスティングよりも細いイトを使うのは、飛距離を稼ぎたいのと、海中のラインが多くなるとそのぶん抵抗を受けやすくなり、ジグのアクションに影響するため。あとは、そんな障害物の多いところで掛かった大ものなら、多少の号数違いは意味をなさないと考えられているためだ。

流れによって異なる操作法

海には当然さまざまな流れがある。本流、払い出し、当て潮などだ。ジグはいったん海底まで沈めて操作するため、潮の状態を把握しやすいのと同時に根掛かりもしやすい。特に、潮が自分が立つ釣り座に向かって流れる当て潮だと、ジグが後から押される格好になるため、アクションしにくく、すぐに底に落ちやすく、結果的に根掛かりしやすくなる。当て潮ではいつもよりジャークの回数を増やしたり、フォール時間を短くするなどの一工夫がほしい。逆に、払い出しているときはジグが少しの力でよく動いてくれる。流れが速すぎるとかえって底取りしにくくなるくらいだ。ベイトの動きの観点では岸に寄りやすくなる当て潮が有利で、ジグの動きの点では払い出す動きが有利だ。

➡この釣りが誕生した当初は強い精神力とシャクり続ける強靭な体力が必要だとされていたが、道具が進化した現在は釣り人に有利になってきた。もっともあまたのルアーの釣りの中ではタフであることに変わりはない

⬆同じヒラマサ専用ロッドでも、キャスティング用とジギング用では硬軟の調子が異なる。やはりそれぞれ用意するのが好ましい

根魚思考が応用可能

東北の根魚（ロックフィッシュ）を釣るときには、岸から段階的に深く落ち込んでいく海底の変化をファーストブレーク、セカンドブレーク、サードブレークという具合に釣り場を解析していく。この考え方は磯が舞台のヒラマサ釣りにも有用である。ヒラマサがどこにいるか、流れがどこでどんな具合かを記憶していくうえで非常にわかりやすくなる。

しかし、近年はそこまで頑張らなくてもヒラマサは食ってくると見られている。

　というか、プラギングメソッド（キャスティングの釣り）が成熟したことでヒラマサ＝ジグという構図が多少薄れている。

　それでもジグの釣りがこうして残り続けるのは、ここで紹介する強みがあるからだ。

　特に、産卵を控えた春は底に張り付くようにいるケースが多く、表層勝負のキャスティングよりもヒットの確率は高いと考えられている。

　夏はサイズが落ちるが、そのぶん取りやすくなる。ジグの動かし方を身につけたり、己の所作を確認して経験値を上げられる季節といってもいい。

　秋はベイトが増えて、カツオなどヒラマサ以外の魚も釣れやすい。

　そして大型が釣れる冬は、取るのは難しいが、一発大ものの夢があるシーズンだ。

ブリ

こんな魚

分布：全国／産卵期：春／ベストシーズン：冬／食性：魚やイカ／釣法：ハードとソフトの双方のルアーで成立／釣り場：岸（磯や堤防）、沖

ブリはこんな釣り

イナダやワラサ、ハマチ、ヤズといったブリの若魚を含めれば周年釣れるオフショアジギングの最もポピュラーなターゲット。北海道の積丹半島や瀬戸内の激流のブリは非常に高い人気を誇っている。ルアーの大きさや動きに対して選り好みするきらいがあり、そこがゲーム性にもなっている。

釣　法

オフショアゲーム

青ものジギングのキャリアを積むのにまたとない相手

3大要素

- ●ブリが好むルアーサイズと動きを見抜く
- ●スライド幅への意識を強く持っておく
- ●渋い日は動きのレンジキープを長めに

聞き分けのよい長男

ブリ、ヒラマサ、カンパチは数あるオフショアジギングのターゲットの中でも人気魚種で、見た目が似ているところから「青もの3兄弟」などと呼ばれることもある。

ブリは味がよく、出世魚でもあるため人気も高い。各地方でブランド化されるほどだ。

釣りに関しては、ヒラマサやカンパチほど根に執着する魚ではない。ハリ掛かりしたあとは持久戦に持ち込み、落ち着いてサオを保持していれば少しずつ勝機が見えてくる。

とはいえ、それでもスピードとパワーを備えており、大ものを釣るスキルは1尾釣るごとに伸びていく。

テンポのよいジャークを続けながら、「今、潮の感じがよくて魚が掛かりそう」といった釣りの嗅覚を養うにも格好の相手である。

食いが渋いとジグのスライドアクションの長短を変えるほか、ヒット層を見つけるために上下動よりも水平に探るイメージを持っておきたい。

キャッチ後の注意を1つ。オフショアゆえ、船長が釣り人以上に敏感なので心配は少ないが、水温が高い時期は内臓にアニサキスが寄生しやすいため、釣ったあとはすぐに処理をしたほうがよい場合がある。

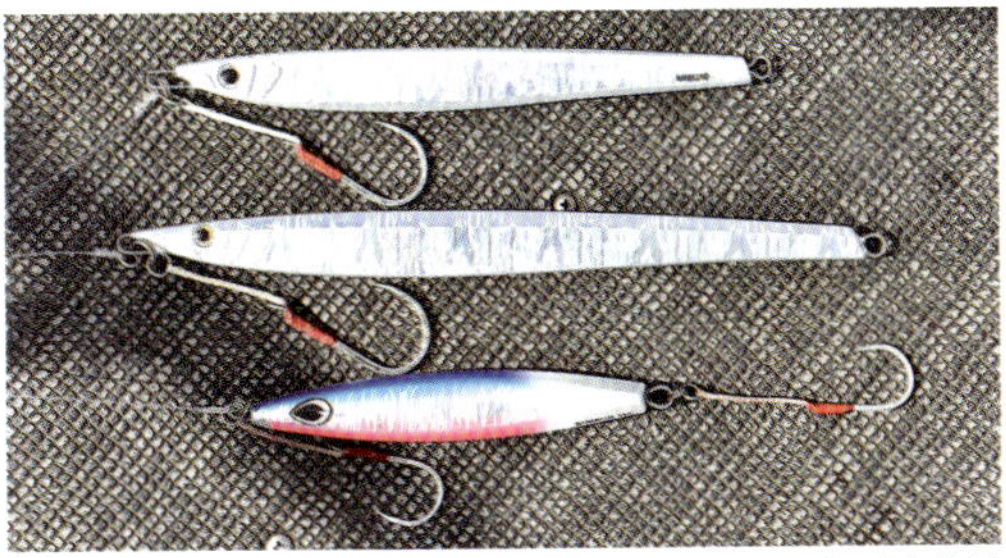

⬆左右対称ロング、左右非対称ロング、スロー系ショートのジグの３タイプは持参しておきたい

⬅プラグはヒラマサ用がそのまま流用可能だ

ルアーセレクト

動きと大きさに偏って反応することが多いため、釣り始めはジギングでもプラッギングでもヒットルアーの傾向を掴むために頻繁に交換するようにしたい。その際、タイプの異なるルアーに切り替えるようにする。いくら交換しても、それらが似たタイプだと反応の差が得られにくく、交換のメリットが活きてこない。ジグだと左右対称ロング、左右非対称ロング、スロー系ショートの３タイプを試すのが効率的だ。

基本タックル&基本釣法

ロッド：オフショアジギング専用ロッド５～6ft
リール：PE3 号が 300 m巻けるリール
ライン：PE2～３号
リーダー：フロロカーボン 10～15 号

◉潮流の速さや水深に応じてしっかり着底できる重量のジグを使い、着底したらシャクりながら巻き上げてくる。一定のテンポでリズミカルにやるのがコツ。他のオフショアの釣りと同様にジャークしながらどの層で潮が利いているかを調べるのが大切だ。ジギングだけでなく、ダイビングペンシルやポッパー、ミノーを使ったキャスティングでもよくヒットする。誘い方はヒラマサのキャスティングと変わらない。

⬅ジギングタックルは使用するジグ重量や想定する魚のサイズに応じて選ぶほか、使用ラインによっても選んでよい

➡オフショアキャスティング用ロッドもヒラマサとブリの兼用で使える

ステップアップ

スロージギングの仕組みは、ロッドのしなりを活かして海底付近に沈めたジグを持ち上げるように柔らかくアクションさせたあと、ヒラヒラと舞うようなフォールで魚を誘う。そのため、木の葉形状の短いジグが多い。激しくシャクリ続けることがなく、体力頼みの釣りでもないため、細いタックルで誰にでも親しみやすい。

⬅スロージギングは青ものもよくヒットし、スーパーライトなどへ発展している分野だ

My Keyword

自分で発見した秘訣をメモしておこう

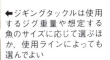

釣　法

ショアゲーム

沖磯、地磯、堤防、果ては河川内まで

岸というフィールド

　ブリはむしろ沖釣りの対象魚で、巻き網漁業などはるか洋上でも獲られる魚である。しかし、だからといって沖だけにいる魚でもない。時期は限定されるが、磯や堤防、ときに砂浜といった岸からの対象魚にもなる。要は沿岸の浅場にも差してくるわけだ。沖に多い魚が岸に寄る理由はエサにある。つまり、岸からねらうとき、そのブリは求めているエサがはっきりしている場合が多い。岸からねらうときは、エサとなる魚の特定が大切である。

➡秋に地磯で釣れたブリ。プラグにヒットした

タックル

　強めのヒラスズキ用もしくはライト寄りの青もの用が適しており、長さは10ft前後、PEは2～3号、リールはPEを200～300m巻ける大きさ。リーダーはフロロ10～12号。

⬅10kgオーバーの大型青ものを想定した強いロッドよりも、もっと軽くて振りやすいロッドのほうが向いている

基本メソッド

　若魚を対象としてジグを使うときは着底を省き、表層から中層へ上から下に探っていくほうが手っ取り早い。ところが成魚の場合はジグを着底させてから釣り始めるのが基本だ。岸が釣り場だと立ち位置が限られるが、釣り始めたら潮が流れている向きを確認し、できる範囲でいろいろな角度で流れを横切らせて探っていきたい。ちなみに、流速に対してジグが軽いときに潮下に投げてしまうといつまでも着底しないことがある。そんなときは潮上に投げるとよい。プラグの場合も広角に投げて様子をみるが、プラグでは概ね浅い層を探ることになるので、シーバスをねらうときのようにこのルアーコースのどこで食いそうなのか、あるいはどこで食わせるつもりなのかを想定しながら釣りをしたい。

⬅大量のカタクチイワシが入っているときにヒットしたブリ

若魚と成魚のギャップ

　ブリの若魚は、比較的水が温かい春、夏から秋に堤防や沖堤防など、身近な釣り場に群れでたくさん入ってくる。

　もちろん、それには理由があり、多くはイワシやキビナゴなどの細長くキラキラした小魚についている場合が多い。

　若魚のうちは広範囲にわたってナブラが発生するなど、一見してチャンスとわかるときが多い。シーバスタックルやエギングタックルでも太刀打ちでき、割と釣りやすい。

　一方、成魚は晩秋から冬がメインになるほか、春にも好機が到来する。

　成魚は大挙して回遊する若魚と違い、簡単には釣れない。また、掛かってもそれなりの装備で臨んでいないとキャッチするのは難しい。

　若魚と成魚で釣り自体が大きく変わってしまうところは、こ

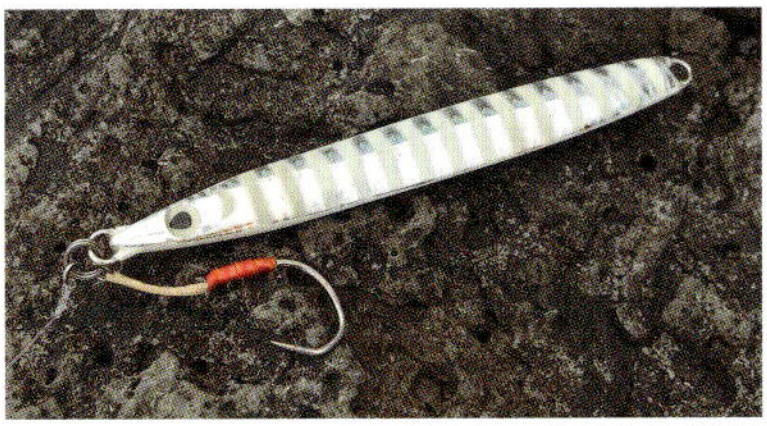

⬆根が荒いところでは後方重心の1本バリセッティングから始めると根掛かりを防ぎつつ探りやすい

➡プラグも飛距離の面を考慮しつつ、いくつかのタイプを持参しておく

ルアーセレクト

岸からジグを投げて釣る場合は船以上に根掛かりしやすいため、ハリを1本にしたり、根が荒いところは後方から沈み、着底がわかりやすい後方重心のジグを多用するなどの対策をしておくことも必要。それで掛からなければほかの重心のタイプのジグに替えればよい。プラグはジグよりも飛距離の差が顕著に出やすいため、自分がどのポイントを釣りたいのかによって選択が変わる。用意するのはペンシルベイト、ポッパー、ミノー、バイブレーション、シンキングペンシルなど。暗いうちは強めの波動や音でアピールし、光量が増すと少し潜らせたりサイズを小さくするのが基本だ。

エサ

釣り場にエサがいるかいないかで釣れやすさは大きく差が出ると思ってよい。これまでにブリがエサを追って沿岸に寄り、釣りあげられた実績があるのは、カタクチイワシ、キビナゴ、コノシロである（もっとほかにあるとは思うが……）。カタクチイワシは湾内、砂浜など、キビナゴは外洋に面したワンドや瀬戸、コノシロはブリのイメージとは結びつきにくいが河口から河川内である。

潮上……自分の立ち位置を基準にして流れが向かってくる側。数人並んで釣っているときに、自分が流れの上座にいた場合は、自分の釣り座を潮上という場合もある。
潮下……自分の立ち位置を基準にして流れが去っていく側。数人並んで釣っているときに、自分が流れの下座にいた場合は、自分の釣り座を潮下という場合もある。
魚は通常潮上に頭を向けて泳いでおり、潮上から潮下に流れてくるエサに反応しやすい。

⬆一部の地域ではコノシロがブリのエサになる

➡こんな街中の河口にもブリは入ってくる

のブリに限らず、ヒラゴとヒラマサ、ショゴとカンパチ、メッキとGTなど、大型化する青ものに共通する特徴である。

しかし、いくら若魚が釣りやすいといってもヒトクセある。

青ものゆえに泳ぎが速く、飛距離が稼げるルアーを使うほうが釣りやすい。

都合がよいことにキラキラした小魚を好むため、飛距離の点で有利なメタルジグがハマりやすい。

しかし、である。

飛距離の出るメタルジグならなんでもいいかというと、そうではない。

スイッチが入ると表層〜上層を泳ぐため、重いメタルジグは不向きなことが多い。

シルエットも細長い小魚に寄せたほうが反応はよい。

かくして細長くて軽いメタルジグが特効ルアーになったりする。ヒットルアーが偏るところは親のブリに通じる。

メバル

こんな魚

分布：全国（九州中部まで）／産卵期：冬／ベストシーズン：冬と春／食性：小魚、甲殻類、プランクトン／釣法：ハードとソフトの双方のルアーで成立／釣り場：岸（磯や堤防）、沖

メバルはこんな釣り

メバルといえば昔はモエビやタエビを使ったエサ釣りと相場が決まっていたが、現在はルアー釣りのほうがメジャーになった感が強い。その理由は、身近な釣り場ででき、果敢にルアーにアタックしてくる高いゲーム性、そして手軽にできる入門のしやすさ、夜だけでなく日中も可能なところだ。

釣　法

ソフトルアー

強みは遠近、深浅、海況に応じて選べるリグ布陣

3大要素

- ●レンジは上から下へ広げていく
- ●マヅメのシャローテーブルを見逃すな
- ●流れのヨレを重点的にチェック

メバル4大リグの明解整理

メバルを釣るために確立されたフロート、スプリットショット、キャロライナ、ジグヘッドリグ。しかしこれらの4つのリグの名称をただ並べられても何がどう違うのかなど、さっぱりわからない。

唯一、ジグ単と呼ばれるジグヘッドリグは、投げて巻くだけでよいのではと想像がつく。また実際にその想像を裏切ることが少ない。

しかし、泣きどころがあった。軽いのだ。メバルの本格シーズンは季節風が吹き荒れる時期でもあり、軽いと飛ばない、沈まない、何をやっているかわからないという虚脱感に支配され、釣り心がポッキリと折れる。

この軽いジグ単を飛ばすための運び屋として登場したのがフロートであり、スプリットであり、キャロなのだ。

いずれのリグも、飛ばした先でアタリを引き出すためにしっかりと沈み、誘えるようになっている。

フロートは意図的に浅い層でとどまらせたいときに使う。スプリットとキャロは小さなオモリか抵抗体かという違いだ。

これらの先端には最軽量ジグヘッドをセットするが、いよいよ食いが渋ければ単に素バリにしてもよい。

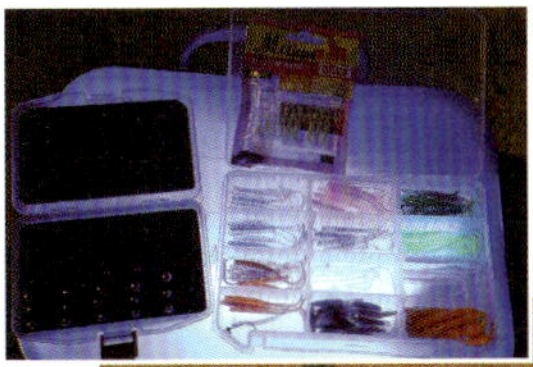

⬅メバルに使うワームは小さいものは 1in あたりで、大きいものは 3in 程度。ジグヘッドは、フロートやスプリットショット、キャロライナでは 0.3 ～ 0.6g を合わせる場合が多い

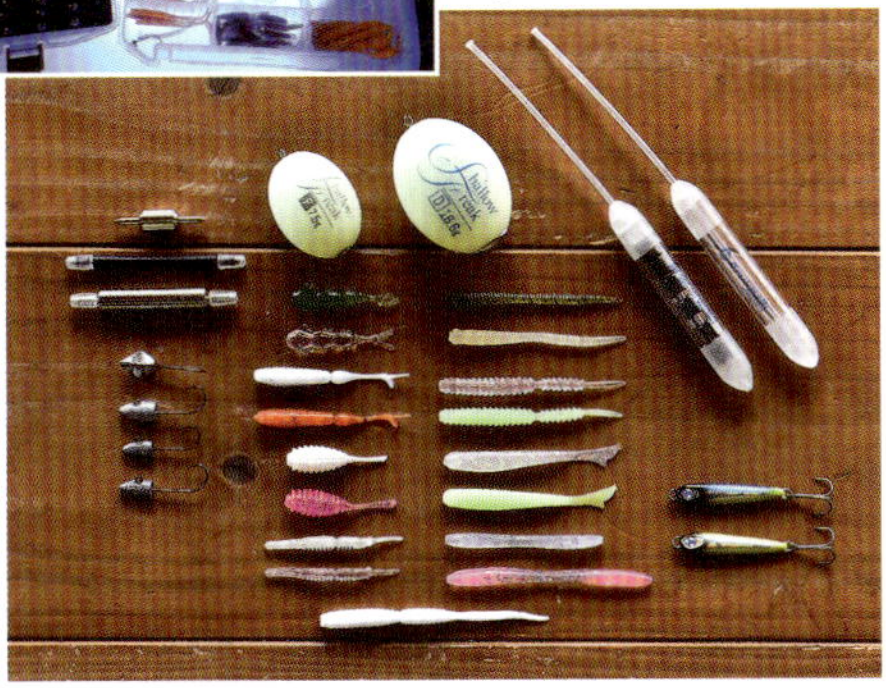

➡メバル釣りで使うアイテム。アジにも同じものが使える

リグセレクト

ワームの場合、遠近と深浅に応じてフロート、スプリットショット、キャロライナ、ジグヘッド（ジグ単）の 4 つのリグを使い分ける。大まかに分けると、遠くて浅いはフロート、遠くて深いはスプリットショット、遠くの中～下層はキャロライナ、近距離はジグ単（ジグ単は別項で紹介）。潮流との相性は、急潮ならスプリットショット、緩い流れだとフロートやキャロライナがチャンスを作ってくれる。

基本タックル&基本釣法

●ジグ単以外のタックル
ロッド：メバル・アジ用ライトゲームロッド 7 ～ 8ft
リール：PE0.3 号が 150 m巻けるリール
ライン：PE0.3 号
リーダー：フロロカーボン 1.7 号
リグによって下部リーダーフロロ 1.2 号

◉上層から探り始め、反応の度合いに応じて下層へと探りの手を広げていく。その際、どのくらい沈めたところで反応したかを把握するためにカウントしておくと次も同じ層をねらえる。ただ巻きでもヒットするが、ラインを張った状態で沈降させたり、小刻みに震わせるのも有効。大小や形状など、どのワームに反応するかを見抜き、こまめに色を替えてスレさせないようにする。

➡タックルはスピニング、ジグ単以外のリグを扱うならラインは PE がよい

ステップアップ

夜釣りのイメージがとても強いが、朝夕のマヅメは捕食のスイッチが入りやすいので、明るくなった時間帯でも釣れる。特に、朝マヅメは表層を流れるエサに対して水面を割って襲いかかる（ボイルする）。ボイルは流れが速い場所、滞留する場所、消波ブロックなどの障害物の際などで起こりやすい。

⬅メバルはオフショア（ボートゲーム）も可能。特に都市港湾部の湾内では盛んに行なわれている

My Keyword

自分で発見した秘訣をメモしておこう

↑ジグ単はシンプルなリグ構成で使いやすい

釣　法

ジグヘッドリグ（ジグ単）

これが基本中の基本リグ

メバル４大リグ

ジグヘッド

最もシンプルな構造。
バイトがダイレクトに伝わってくる。
遠投するにはジグヘッドを重くすればよいが、そうすると魚が吸い込みづらくなるデメリットが出てくる

スプリットショット

固定式シンカーを使用。
急潮でもリグをなじませやすい。
ジグヘッドを軽く、あるいはシングルフックを使うことができ、魚の吸い込みがよくなる

キャロライナ

遊動式シンカーを使用。
緩い流れや２枚潮でもリグをなじませやすい。
急潮で使うとリグが絡むことがある

フロート

フロート（ウキ）を使うことで表層付近を重点的に釣ることができる。
スプリット、キャロライナ同様に遠投が得意。
魚の活性が低いときはフロートの体積が吸い込みの抵抗になることがある

エキスパートの視点

もう１つのワーム選び

ワームの大きな特徴は、あたかも生きたエサのようにナチュラルな動きにある。柔軟なボディーによるもので、素材は塩ビやエラストマー（TPU）で作られている。塩ビもエラストマーもやわらかいが、比較では、よりやわらかく伸びやすいのがエラストマーだ。裏返せば、張りを持たせられ、存在感を出してくれるのが塩ビということになる。この違いを気にしながら釣っていると、アタリは出るのに掛からないといったモヤモヤした状況を素材違いのワームを試すことで切り抜けられたりする。あとは塩ビはハリにセットしやすい。そのほか匂いや味の付いたワームもある。

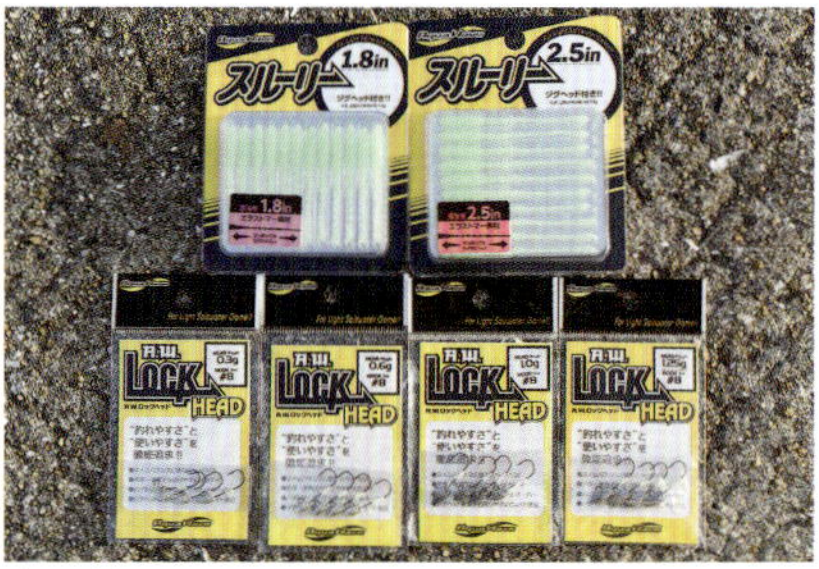

↑ジグ単の操作に慣れておけば、フロートなどほかのリグを扱うときも感覚が鈍くなりにくい

ジグ単に適したロッド

ジグ単用ロッドの長さは５～6ftが最近の主流。傾向としてはコンマ何グラム単位での軽量化とショート化、高感度化が図られ、さらなる先鋭化が進んでいる。中にはリアグリップを極限まで詰めたタイプも登場し、大きな驚きとともに絶賛の声がユーザーから上がった。感度、操作性、精度の高い投入コントロール（アキュラシーキャスト）が容易にできるかがジグ単ロッドの評価材料だ。

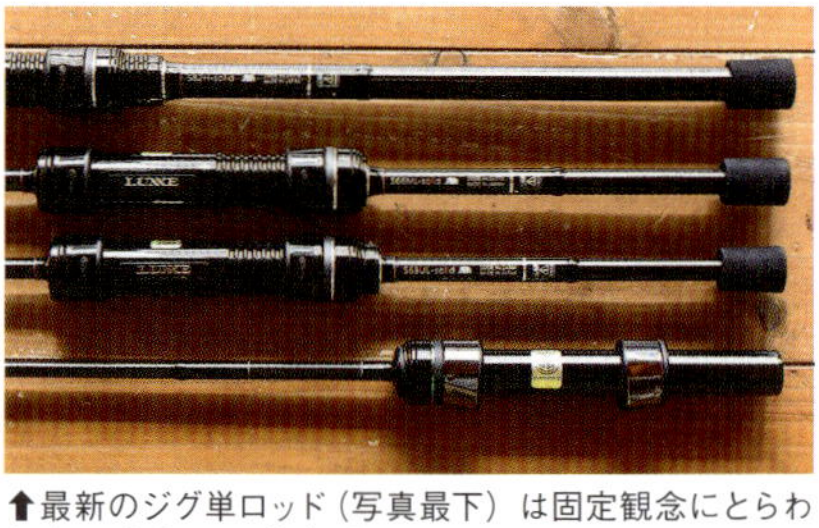

↑最新のジグ単ロッド（写真最下）は固定観念にとらわれないデザインに仕上がっている

カラー選びの目安

大別すると３タイプ

クリア、グロー、ソリッドの３タイプ。無難なのはクリアカラーやクリアラメで、夜間はグロー、外灯周りや月夜に存在を際立たせるなら黒、茶、紫といったダーク系（ソリッドカラー）、外灯の光源に合わせるならオレンジやチャートの膨張色など。これに朝夕の光量が少ない時間帯にはケイムラ（紫外線を受けてうす紫に発色）も有効だ。あとは地域的に藻のグリーンなど、ご当地マストカラーなども存在する。

⬆ジグ単は夜の暗がりで操作するのにも適している

ジグヘッド形状の違い

迷ったら丸型

ジグヘッドの形状バリエーションもとても増えた。潮を切り裂いてジグザグに跳ね上がる山型やヤジリ形状、潮を受ける面を設けて泳層をキープする形状など、釣り人が求める動きに応じて使い分けられるようになってきた。もしも迷ったら、丸型にすると無難だということを覚えておきたい。一部分で水を受けることも切り裂くこともないのでニュートラルに使える。

⬆メバルだけでなく、アジにも共通するが、ワームはストレートタイプがオーソドックス

場所や昼夜問わずに使える

ジグヘッドなら釣り始めから釣り終えるまで、ジグヘッドだけで通すというもの可能だ。シンプルなリグ構成にダイレクトなアタリ、操作性に長けた短めのロッドで小場所攻略も得意というのがその理由だ。釣りの準備も楽だし、交換も簡単、釣りを展開させていくのもジグヘッド重量、ワームの大小と種類を変えるだけで広くカバーできる。

⬆良型メバルの時合は短い。わずか十数分で終わることもある

今昔物語

昔はメバル釣りに糸こんにゃくや白滝が使われていた！　ワーム同様にグニャグニャ曲がるし、プルプルもしている。長さや太さもメバルが食うシラスやプランクトンに近い。コストパフォーマンスもなかなかなものだ。一度ものは試しに使ってみては。恐らくは同時に市販のワームのよさにも気づくはずだが、遊び感覚も大切だ。

居食い……どのルアーターゲットにもいえるが、特に産卵後は体力を消耗して、できるだけ動かずに効率よくエサを捕食しようとする。極端にいえば口だけを開けてエサを食べようとする。そんな状態では、アタリが出にくい。張っていたラインが一瞬緩むくらいというのもザラにある。

⬆メバル釣り場を探す最も手っ取り早くて確実な方法は日中の下見。小さくてもメバルがいるところには、夜になるとまともなサイズが出てくるものだ

↑上の3個は、巻いて止めるのが有効なミノーとシンキングペンシル。バイブレーションは巻きが基本。激しい動きで大きく移動させるよりも、チェイスが可能なように抑え気味にする配慮が大切

釣法

ハードルアー

ワームと異なる釣ったときの充足感

波立つ荒天時の対策

メバル釣りにとって波風は天敵。しかし、釣りには不利でも当のメバルにとってはあながちマイナスではない。波や風によってエサとなるプランクトンや極小の小魚が表層で揉まれたり、吹きだまりのように一定の範囲に集められるためだ。しかも、警戒心の強い大型メバルも自分の姿や動きが悟られにくくなるため、表層にボイルしやすくなる。こうした状況下では、釣り方やルアーの選択肢が制限されてしまう。そこで覚えておきたいのは、シンキングペンシルの水平巻き。コツは泳層を一定に保つところだ。シケ具合によってペンシルもミノーも候補になる。

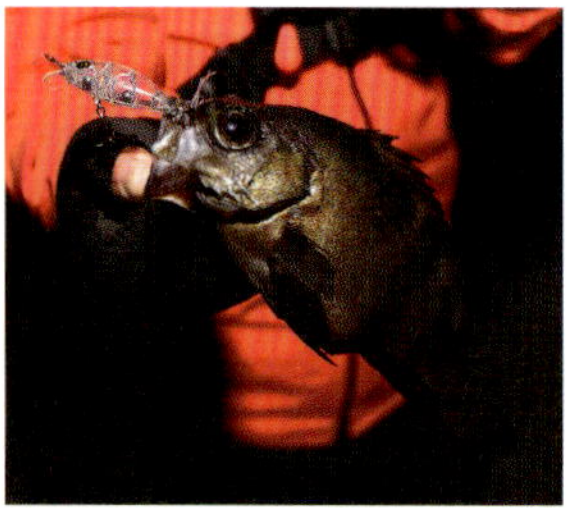

←プラグ＝小魚ではない。プランクトンを食っているときでも、こうして釣れる。クリアカラーを使うのがキモだ

ニューカマー

ダイビングペンシルといえば、ヒラマサやGTなど大型青ものを釣るときのマストプラグ。大きさは20㎝ほどだが、メバルのプラッギングにもこのダイビングペンシルが導入される運びだ。斜め姿勢で浮くため、下から見上げるとシルエットが小さくなり、反応を引き出しやすくなっている。動かし方はヒラマサ用などと同じ。ラインスラック（イトフケ）を出してジャークすると水中に突っ込むようにダイビングし、潜るとブルブルと動き、また水面にぽっかり浮かぶ。ヒットするタイミングはぽっかり浮いたとき。あとはブルブルと動いて浮上するときだ。昼夜関係なく使える。

↑産卵期前にプラグに反応したナイスサイズのメバル。日没前の釣果

巻く釣り、巻かない釣り

ハードルアーのうち、自重のあるバイブレーションやメタルジグは巻くのが基本のルアー。止めても一瞬だ。

対してメバル用のミノー、リップレスミノー、ペンシルベイト、シンキングペンシル、ダイビングペンシルといった表層系プラグは、巻いたら止める、ちょっと動かしたら巻かない、ほったらかす。

放置は思った以上に有効で、10秒以上そのままにしていても食うことがよくある。

フロートやスプリット、キャロライナなどのワームを操作するときも巻かないことはしばしばあるが、その場合のニュアンスは流れに乗せてポイントへ送り届けることだ。

しかし、プラグを止めるのは文字どおりまさに放置。外灯周りや潮のヨレで試すと、その威力を実感する。

⬅メタルジグは投げて水平に巻いても釣れるし、足元から底に落として上にシャクリ上げてきても釣れる。上にシャクリ上げるときは、シャクる合間にフォールを交える

➡堤防の外灯周りは一級ポイント。特に、周辺に外灯がないと効果が際立つ

⬆夜はワーム、プラグの双方で釣りを組み立てればよい

⬆夜が明けたあとの時間帯に消波ブロックの際をスピンテールジグで素早く引くと、勢いよくアタックしてきた抱卵した個体

堤防からの夜釣りで出たプロポーションのよい1尾

➡太さや細さ、浮き姿勢、フローティング、シンキングタイプなどいくつかプラグを揃えておくとワームとは違う釣趣に浸れる

フックにも一工夫

止めたあとに相手が食ってくるのを待つことが多いプラグでは、写真のようにフックに化繊を巻き付けたりする。英語でピカピカした金属片やクリスマス飾りなどをティンセルと呼び、フックの装飾もそう呼ばれる。これを使うと止めたときも水面下で揺らいだり、光を反射してバイトマーク（捕食時の標的）となる。

⬆ティンセルのほか、羽毛を使ってもよい。自分で巻くこともできるが、市販されている

潮のヨレ……海を目の前にした一画のうち、潮が一方向に流れている部分を見つけたら、その両脇を左右手前に広く観察すると、流れが小さな波を生みながら別の角度へ向かうところが見つかったりする。そういった変化を総称してヨレと呼ぶ。

色からわかるメバルの性格

メバルには黒（青）、赤（金）、白がいる。クロメバルは磯に多く、回遊性が強い。朝夕の薄暗いときに活発にエサを漁る。赤（金）のメバルは入り組んだ海岸線に転々とある藻場に多い。釣り始めはルアーへの反応がすこぶるよいが、スレやすい。白っぽさが目立つメバルは都市部の港湾部に造られたプラントなどの隙間や岸壁に多く見られる。ヒットパターンを見抜けば連続ヒットするが、その鍵を見つけるまではアタリだけで掛からないもどかしい時間帯が続く。

⬆写真はクロメバル。通称ブルーバックと呼ばれる

アジ

こんな魚

分布：全国／産卵期：冬～夏／ベストシーズン：秋、冬／食性：小魚、プランクトン／釣法：ハードとソフトの双方のルアーで成立／釣り場：岸（堤防や磯）、沖

アジはこんな釣り

軽くてしなやかなソフトルアー（ワーム）がメインになるのは、アジがメバル同様にプランクトンを好む食性に寄せているからである。しかも、吸い込んで捕食するため、軽くて軟らかいほうが口中に入りやすく、結果的にフッキング率も上がる。問題は、軽いワームをどのようにアジの口元に届けるかである。

釣法

ソフトルアー

最初はメバルの外道だったが、今やメバルに並ぶ人気

3大要素

- ◉ゴールデンタイムは朝夕の低光量時
- ◉アクション後はワームを沈めて誘う
- ◉ヒット層を探しながらルアーを操作

ワーム4大リグ

ワームの4大リグといえば、ジグヘッド単体、フロート、スプリットショット、キャロライナである。

ジグヘッド単体を除いたほかのリグの使命は、ほとんど重量のないワームを遠くに届け、沈めるための運び役である。

フロートは文字どおりウキを使って運ぶ。アジやメバル専用のフロートが出ているが、メジナやクロダイ用のフカセ用のウキを使ってもよい。

スプリットショットはカミツブシオモリを意味し、水中での抵抗が少なく、スムーズに沈むのが特徴である。

キャロライナは、アジやメバル専用のキャロライナリグ・アイテムが市販されているが、その仕組みは中通しオモリを使った仕掛けのことである。

中通しの点ではフロートも共通するものがあるが、探りやすい層が異なる。換言すれば、得意な持ち場が違うのだ。

また、抵抗の点では体積が大きいぶんスプリットショットよりも抵抗体になりやすいため、意図的に流れを受けさせて操ることが可能だ。

いずれもアタリがウキやオモリなどを介して伝わるため、アタリが取りにくい場面もある。これは、とにかく使って慣れるしかない。

ルアーセレクト

アジとメバルを比べると、アジでは長めのワームを使うことが多い。2～3inのワームを充実させておきたい。形状は細長いストレートタイプがメインで、これを中心に短いものやボリューム感に幅を持たせておくと対応しやすい。カラーは好きなものを自由に選んでよいが、傾向としては外灯周りはクリアやオレンジ、エサとなるアミに似せて赤系統、あとは明かりの周りでやることが多いゆえケイムラも有効だ。

⬆ワームのサイズはそこにいるエサの大きさに近いほうがよい

基本タックル&基本釣法

ジグ単以外のタックル
ロッド：メバル・アジ用ライトゲームロッド 7～8ft
リール：PE0.3 号が 150 m巻けるリール
ライン：PE0.3 号
リーダー：フロロカーボン 1.7 号
リグによって下部リーダーフロロ 1.2 号

◉釣りをし、探りを入れるポイントの遠近と深浅の違いが、リグ（仕掛け）の違いになる。逆にいえば近距離は不要と割り切ってもよい。遠くて浅いところはフロート、遠くて深いところ、あるいは浅くても流れが速いところはスプリットショット、遠い中層あるいは流れが緩いときはキャロライナが適している。これらの点はメバルでも同じリグを使うだけに、メバルを釣るときも同様である。

➡いずれのリグもスピニングで扱ってよいが、マニアはベイトタックルを使う。これは、片方の手の指をハンドルに、もう片方をライン放出のクラッチにかけておくことで、瞬時にラインの出し入れが行なえるためだ

My Keyword

自分で発見した秘訣をメモしておこう

アジ4大リグ

ジグヘッド

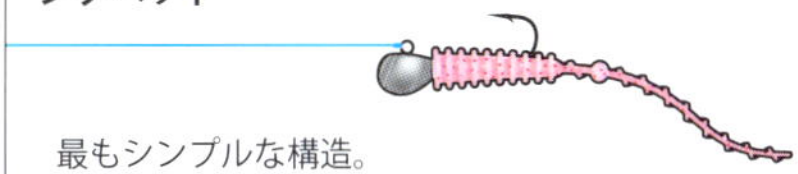

最もシンプルな構造。
バイトがダイレクトに伝わってくる。
遠投するにはジグヘッドを重くすればよいが、そうするとアジが吸込みづらくなるデメリットが出てくる

スプリットショット

固定シンカーを使用。
急潮でもリグをなじませやすい。
ジグヘッドを軽く、あるいはシングルフックを使うことができ、アジの吸い込みがよくなる

キャロライナ

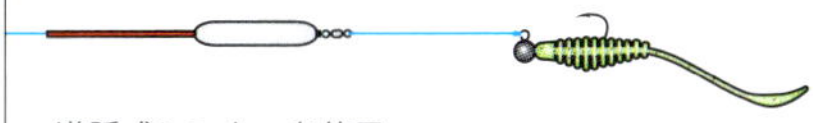

遊誘式シンカーを使用。
緩い流れや2枚潮でもリグをなじませやすい。
急潮で使うとリグが絡むことがある

フロート

フロート〔ウキ〕を使うことで表層付近を重点的に釣ることができる。
スプリット、キャロライナ同様に遠投が得意。
アジの活性が低いときはフロートの体積が吸い込みの抵抗になることがある

時間帯

沿岸に入ってきたアジはあたりを回遊しながら時間帯で動きを変え、エサを漁る。夕方になると岸寄りのカケアガリを伝って漁港内に泳いでくるといわれている。外灯が灯るとその周辺に集まったプランクトンや、プランクトンを食べる小魚を捕食する。夜間はしばらく港内に滞留し、夜明けを迎えるとふたたび外へ出ていく。当然、朝夕のマヅメ時や外灯周りでエサを漁るときは浅い層に浮いているため釣りやすくなる。

⬆ピチピチとしたマアジは見るからに美味しそう

釣　法

ジグヘッドリグ(ジグ単)

シンプル・イズ・ベリーベリーグッド

タックル

ジグ単は外灯周りやテトラ際、ちょっとした隙間などの近距離勝負なので長いものよりは短いほうが取り回しが利き、手返し面で釣りにテンポが生まれやすい。最近は短いロッドが注目されており、5 ～ 6ft がジグ単に合っている。ラインはエステル 0.3 ～ 0.4 号、リールはラインを 100 ～ 150 m巻ける大きさ、リーダーはフロロ 1.2 ～ 1.5 号あたり。

⬅アジングのジグ単の使用を突き詰め、究極ともいえる革新的なロッドも登場している

基本操作

ただ巻きでも釣れるため、それが通用するうちはアクションを入れる必要はない。要は、ただ巻きでは食ってこなくなったときに食わせのアクションを持っていると、引き続き数を伸ばせるのだ。そのアクションがトゥイッチやシェイクである。ヒットするのは大抵このアクション後である。またアクションも大切だが、それにも増してヒットする層を探すことに集中したい。アジはヒット層を外すと掛かりにくい。

➡タマヅメに反応した良型のマアジ

見直されるジグ単

ジグ単だけでは釣り場をカバーしきれない。軽量ルアーを操るから風が吹くととてもやりづらく、自分の操作に迷いが出てきてしまう……。

こうした現場の状況に対応する必要から、フロートやキャロ、スプリットといった各リグが充実した。

しかし、アタリの明確さ、ダイレクトに伝わってくるという点ではジグ単が最もわかりやすい。ラインの先にハリと合体したオモリがあるだけなので、操作中もリグの状態をイメージしやすく、イト絡みも発生しにくいので手返しも優れている。

一時はジグ単以外のリグで釣ることが多くなったアジングも、このような理由から、ふたたびジグ単回帰に転じた。

それに伴って画期的なロッドやジグヘッドのバリエーションが増え、加速度的にジグ単によるアジングが行ないやすい環境が整っていった。

それに、考えてみれば釣り人がアジングに夢中になるのは、良型が岸釣りの射程圏内にたくさん入ってくるハイシーズンである。

岸から近距離でいいサイズが釣れるなら、ジグ単で接近戦に絞るほうが効率がよいのではないかとの動きが芽生え、それがジグ単の見直しを後押しした。

岸寄りに差したアジングの好機は、朝夕のマヅメと外灯が機能する夜間で、その時間帯はアジの活性が高く、泳層も上層へと上ずっている。

深く入れなくてよいし、ジグ単で届くところで充分釣りになる。おまけに活性も高いから吸い込みも強く、風が強ければ、ジグヘッドを重くするだけで釣りやすさを維持でき、食いも継続させられる。それならなおさらジグヘッド単体で充分、という流れになっている。

ジグヘッド選び

ジグヘッドのバリエーションもずいぶん増えた。ショップには迷うほど多種多様なジグヘッドが売られている。ジグ単でアジを釣る場合、0.6 ~ 3g まで揃えおけばだいたいどんな状況にも対応でき、1 ~ 1.5g がメインになる場合が多い。ちなみにジグ単以外の各リグでは 0.3 ~ 0.8g がメインになる。やじりのような三角型は水を切り裂くように動くため、アクションさせるのに向いている。横っ飛びするダートが得意だ。丸型や球型は水を受け流しやすいため、オールラウンドに使える。この 2 タイプを持っておけば攻めの幅は確保できる。

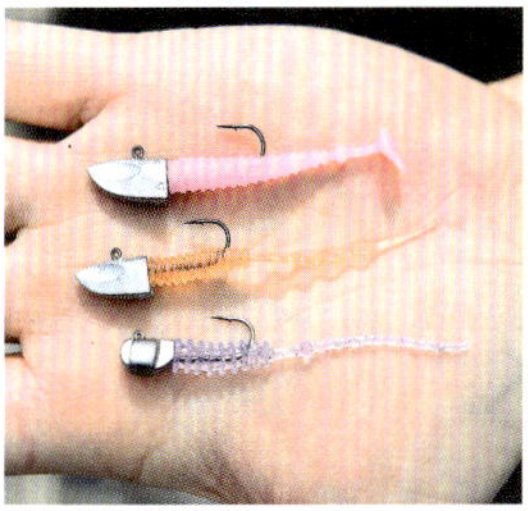

➡ワームだけでなく、最近はジグヘッドの種類も多様化している

場所選び

ハイシーズンであればだいたいどこの釣り場にもアジが入っているといっても過言ではない。近場の漁港に外灯があれば、そこはもうアジ釣り場とみてよい。もっとも、サイズを伸ばそうとか、一帯の中で最大クラスのアジを釣るとなると話は別だ。さらに、すっかり明るくなったあともアジ釣りをしたいならば、ジグ単以外の各リグの出番がくるため、準備したほうがよい。ハイシーズンのピークが過ぎて終盤になってもさまざまなリグで臨むほうが数は稼ぎやすい。

➡アジング＝マアジを想定しているが、アオアジ（マルアジ）もヒットする。ちなみにアオアジのほうが魚食性が強く、釣れるサイズも大きい。日中にもナブラを立てることがある

ワームの素材選び

ワームには大きく分けて２つの材質がある。ひとつは塩ビ、もうひとつがエラストマーである。塩ビは塩化ビニールの略で PVC とも呼ばれ、加工しやすく、色もつけやすくなまめかしい仕上がりも得意な材料である。エラストマーは軟らかさと伸びが秀逸で、魚の口に入るときに柔軟に曲がったり、くわえたときにも伸びて違和感を与えにくい。ただし、軟らかいのでハリに刺しにくかったりする。素材によっても反応や掛かり方が変わってくるため、適宜変えて反応の差を確かめるとよい。

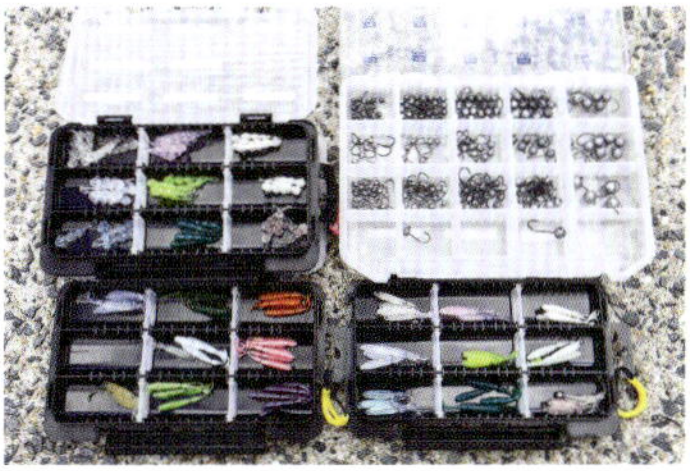

➡ワームの形状、タイプを整理整頓して収納することは釣りの効率にもつながる

釣　法

ボート、バチコン、メタルジグ

ニューアプローチ&ハードルアーの釣り

バチコンの出船は夕暮れ時が多い。一方、ボートアジングは日中の釣りも夜の釣りもあってさまざま

バチコンのタックル

アジやメバル専用のライトゲームロッドの7ft クラスが扱いやすい。ボートなのでもっと短くてもよいが、多少長さがあるほうがサオの振り幅が長くなり、そのぶん誘いの幅もいろいろと選べることになる。ラインはPE0.2～0.4号、リールはラインを150ｍほど巻ける大きさ、リーダーはフロロ２～３号。枝スを作り、そこに素バリもしくは0.4～0.6gのジグヘッドにワームをセットする。枝スは20㎝前後。

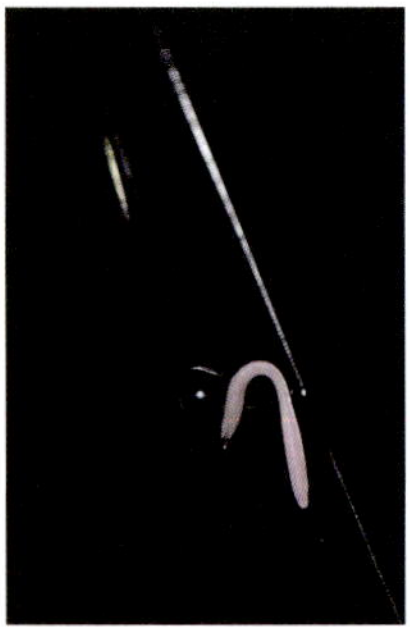
➡ワームは素バリにセットしたり、軽量ジグヘッドにする

バチコンのメソッド

オモリが着底したら真っすぐ持ち上げ、ゆっくりと振り降ろしたり、降ろさずにその位置で保持してアタリを待つ。オモリだけを底に着け、イトをたるませてワームを揺すったり、振るわせるのも有効。潮流に応じてライン角度を垂直にしたり、斜めに角度をつけて様子をうかがうのも効果的だ。

⬆春の夜にバチコンでキャッチした良型アジ

トゥイッチ……サオ先を小刻みに弾くように動かしてルアーにイレギュラーな動きを加えること。
シェイク……サオ先を振動させて、海中のルアーをそれに応じてブルブルと震えるように動かすこと。
どちらのアクションも止めたときにヒットしてくることが多い。さらに、アジングではこれらのアクションからのフォールが有効とされている。フォールが効かなければ、アクションから真っすぐ引っ張るとよい。

カウントダウン……着水から着底まで、あるいは海中で誘い上げたあとの再着底に何カウントかかるかを勘定すること。１カウント１秒でなくてもかまわない。自分が数えやすい感覚でよい。これを行なうことで地形や流れの速さを含めてリグの3Dイメージを構築しやすくなる。どんな釣りにも有用だが、ことさらアジ、メバル、アオリイカ、ケンサキイカ、ハタやアイナメなどのロックフィッシュではマストといえる。

アジのシーズンとボート

アジは周年釣れる。また、いつ食べても美味しい。それほど味がよいためアジという名が当てられたとする説がある偉大な大衆魚だ。ただし、四季によって釣れるサイズは前後する。

夏はどこも豆アジが多くなり、ルアーターゲットとしては不向きである。

ルアーでねらうなら、やはり秋から冬。しかも晩秋から初冬が最も熱いシーズンだ。尺を超える良型が出やすい。

春夏秋冬の中で、冬の終わり、つまり春先がアジを釣るには難しい季節だ。期間は短いがオフシーズンともいえる。

もっとも、これは岸釣りを中心に考えた場合の話。

ボート釣りを視野に入れるとシーズンはもう少し長くなり、サイズも期待できる。

ボートからアジをねらう場合、現在は2つの手法がある。

メタルジグのタックル

ロッドはアジ、メバル専用の強めの7～8ft。ラインはPE0.4～0.5号、リールはラインが150m巻ける大きさ、リーダーはフロロ2～3号、メタルジグは5～30g、長さは4～10cmの範囲で7～14g、6cm前後を手厚く揃えておくとよい。

➡春の朝マヅメに沖堤防で出た良型。時合が短いときはメタルジグの速い釣りが効く

小さなアタリを釣る

沖でやるアミエサを使ったアジのサビキ釣りでは、アタリはサオ先や指にはっきりと出ることがほとんどだが、ルアーではかすかにしか出ない場合も少なくない。そんな場合は視覚や穂先の感度が頼りだ。アタリを取るのが難しい反面、わかるとたまらないゲーム性を実感し、そこが釣趣となる。

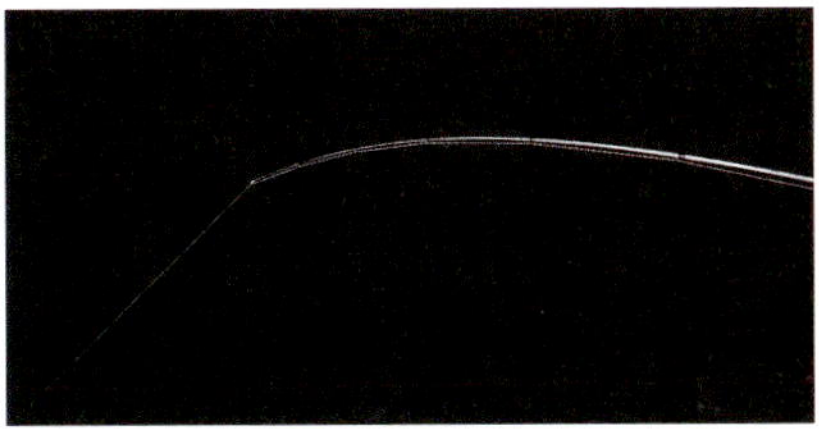

⬆ボートもそうだが、特にバチコンでは穂先の感度が重要。しっかり穂先を見ておかないとアタリを見逃すこともあるので注意

メタルジグのメリット

メタルジグはよく飛び、沈みも速い。ゆえに釣り自体がスピーディーになる。つまり、

⬆メタルジグは日中やマヅメだけでなく、夜でも速い釣りが合う状況ならこうして夜にも使える

手返しが速くなり、テンポよく釣っていける。これが非常にマッチするアジングがある。良型が港内などに入っているときのマヅメの釣りだ。朝夕のマヅメのアジの時合は短い場合がほとんど。その代わりに食いは立っており、重いルアー、速い釣りでも通用する。重めのジグを使うため、ラインもリーダーもワームよりも少し太くなり、ロッドも多少強いタイプがいい。強めのタックルを使っておけば、いいサイズのアジでも抜き上げられ、取り込みに時間を要することもない。よって数を稼ぎやすくなる。速くて強い釣りはアジングではしばしば鍵となる。

1つが岸から行なうアジングを、そのままボートに乗ってやるスタイルだ。

ボートからキャストしたらジグ単などのリグを沈め、アクションさせながら巻き取る。

沈めるときにカウントダウンするのは必須だ。イサキのSLJ（スーパーライトジギング）のように、船が流れるほうは速めにアクションさせ、流されないほうは控えめに動かすとよい。

もう1つがバーチカルコンタクト、通称バチコンと呼ばれるスタイルである。

オモリを使ってリグを海底まで沈め、垂直方向に探る。ルアーはワームを使う。

水深は釣り場や時期によって前後するが、20～40mで行なう場合が多い。そのためオモリは5～15号をよく使う。

ボートやバチコンだと岸が厳しい春先や夏でも、夜に大型の数釣りができる。

ヒラメ

こんな魚

分布：全国／産卵期：冬～初夏／ベストシーズン：春と秋／食性：魚食性が高い／釣法：ハードとソフトの双方のルアーで成立／釣り場：岸（サーフ、河口）、沖

ヒラメはこんな釣り

古くからルアーの対象魚として定着、ヒラメ人口は昔に比べて増えた。しかし、個体の少なさゆえか、どこでも釣れるわけではない。サーフや河口を主なフィールドにしつつ、ベイト、流れ、干満や光量といったタイミングが揃って釣果につながる。条件が整いやすい場所が特定できれば再現性が見込める。

釣法

ミノーイング

ヒラメが沖の魚というのは今や昔の説、実は沿岸に多い

3大要素

- ボトムよりも上をチェック
- 刻みつつ広角にわたって探る
- 変化がない場所ほど小さな変化が重要

いつもはいないが、沿岸の浅場はエサ場である

沿岸の浅場、特にヒラメをねらうサーフや河口は、周辺の釣り場の中でも際立った浅さだと考えられる。

そこに、かつては沖の魚と捉えられていたヒラメが差してくるのだ。

その目的はズバリ、捕食。底に定位し、絶えず上層の光景を視界に入れているヒラメにとって、浅い場所は獲物を追いつめる格好の舞台だ。

水面は魚にとって行き止まり。サーフの浅瀬にいれば、エサとなる小魚が自然と集まってくるのだから、こんなに都合のよいことはない。

もっとも、実際はベイトが入ってからヒラメがそれを追ってくるようだ。

サーフには純然たる砂浜のほか、砂利浜、砂礫の浜、ゴロタ浜も含まれ、いずれもヒラメの実績がある。

ヒラメの擬態は、自分の身を守るというより、エサに気づかれないように近づくため。そんな食い気の強い相手には、ミノーのはっきりとした波動でアピールすれば好釣も可能だ。

何日も連続して釣れ続けるというより、昨日は何尾も釣れたのに翌日はゼロという傾向が強い魚ゆえ、好条件を突き止めることも重要だ。

➡お気に入りのミノーは豊富に揃えておく

⬅釣り始めのミノーを固定し、釣り場もある程度絞っておけば、潮流の変化に気づきやすくなり、釣れそうな条件も把握しやすくなる

ルアーセレクト

遠浅の浜ならフローティングミノーやリップレスミノーで組み立ててよい。逆に岸から傾斜がきつくなる深いサーフはシンキングミノーが使いやすい。しかも、そんな地形をした浜は波が崩れるのも波打ち際近くなので、ミノーのバランスに悪影響を与えやすい。バランスの崩れは、軽微なら捕食のスイッチを入れるが、大きくなるとチャンスを逃すので、そんな状況ではヘビーシンキングミノーを使うとよい。

基本タックル&基本釣法

ロッド：ヒラメ専用スピニングロッド 9 ～ 10ft
リール：PE1 号が 200 m巻けるスピニングリール
ライン：PE1 ～ 1.2 号
リーダー：フロロカーボン 4 ～ 5 号

◉遠浅の浜では着水したら速やかに巻き始めてよいが、波打ち際から少しずつ深くなっていく浜ではある程度ルアーを沈めてから巻き始めるくらいでよい。いずれも底から約1m上を通すイメージで探る層をキープしたい。巻き速度は、食い気が高ければ速めでも充分に食ってくるが、活性が低いとあきらめる可能性が出てくる。追える速さだが擬似餌だと見切られない速さを心がけるのがコツだ。

➡ヒラメ専用ロッドが各社から出ているが、初めはシーバスロッドの代用でも構わない

ステップアップ

砂浜にベイトが打ち上げられていれば願ってもないチャンス。特に秋なるとカタクチイワシを見ることもよくある。そうなれば重要な条件が1つクリアされる。ルアーはそのシルエットや色に合わせるのはいうまでもない。この場合の色とは、よく反射するタイプを差し、イワシカラーではなくてもよい。

⬆ヒラメの大好物であるカタクチイワシ。ネンブツダイなんかとは比べものにならないほど食い気に差が出る

My Keyword

自分で発見した秘訣をメモしておこう

釣り歩くとき、底質が変化しているところは要チェック。ヒラメはゴロタ浜にもいる

釣法

ハードルアー

ミノー以外のルアーで行なうフォロー

砂浜で釣るときの注意事項

ゴロタ浜や砂礫の浜はそこまで気にしなくてよいが、砂浜で釣るときはタックルを砂地に置かない。ロッドガイドやリールに砂が付くとさまざまなトラブルの元になり、最悪の場合は修理に出すはめになる。ロッドエンド（サオ尻）も置かないに限る。ロッドエンドに砂が付くと、気づかないうちに手に付き、手からリールに砂が移ってしまう恐れがある。

⬆特に砂浜を釣り歩くときはタックルを１本に絞っておくほうが動きやすいし、砂のトラブルも軽減できる

サーフを読む

⬆岸辺の水の噛み方を見ると起伏がわかる。陸に深く這い上がるところ（写真奥）は周りよりも深くなっていて、這い上がってこないところは浅くなっている（写真手前）

サーフは一見単調な地形をしている。しかし、海岸線をよく見ると決して直線ではない。地形の高低差や海底の起伏によるものなので、直線ではないほうが当たり前だが、これは単調に見えるなかにも地形変化があることを物語っている。さらに、海には干満差による潮位変動がある。潮位が高くなったとき、低くなったときには、当然地形変化による流れの変化が生まれる。サーフも河川のように潮位ごとでよく流れるスポットが生まれては、それが転々と移っていく。サーフを釣り歩くときはこの意識を持つようにしたい。

ミノー以外のハードルアーの使いどころ

現実的ではないとわかりつつも、ヒラメ釣りをミノー抜きで考えると残る選択肢はシンキングペンシル、ジグミノー、メタルジグ、バイブレーションあたりになる。

バイブレーションは、従来のタイプもメタルバイブレーションのどちらも使える。

ジグミノーとメタルジグは沈みが速く、浅い場所では速巻きで使わざるを得ないため、深い場所や荒れたとき用と考えておいてよい。

対してシンキングペンシルとバイブレーションは、低速～中程度の巻きスピードで使える。

シンキングペンシルは水抜けがよく、抑え気味のアピールでミノーの釣りに変化をつけたいときに有用だ。

バイブレーションは巻くだけでよく、探る層もコントロールしやすいので数個持参しておいて損はない。

メタルバイブレーションならジグミノーやメタルジグに匹敵する飛距離が出せるため、それらの代わりになるばかりか、巻くだけでアクションし、オートマチックに使えるだけではなく、ルアー自体のシルエットも小さくまとめられる。食い渋っているときや、ベイトサイズが小さいときに調整しやすいところが使い勝手のよさである。

つまるところ、ミノーを軸に釣りを組み立て、サーフを歩きながら広角にキャストしてその日の状況を把握したら、ミノーで反応が得られないときのフォローとして、ほかのルアーを入れていく。それがこれらのルアーの活かしどころともいえる。

それぞれ何個ずつかは用意しておき、釣り場ごとの海底の質や起伏に応じて持ち歩くルアーの種類や数を決めればよい。

⬅太平洋に面した茨城県や静岡県、高知県や宮崎県はサーフ天国と呼ばれ、広大なサーフでのヒラメの実績が高い（写真提供：山脇愛子）

⬆シンキングペンシルは、ミノーに反応しないときに多彩な使用法で探れる優等生ルアーだ。ただ巻き、ジャークなどの操作法のほか、潮流に合わせて漂わせてもよい

⬆バイブレーション（上）やメタルバイブレーション（下）はミノーのフォローとして欠かせない。使いやすさを考えればパイロットルアーとしての起用もいい

気になる分野

ボートから釣っていてヒラメが掛かることは少なからずあり、エサ釣りではヒラメ専門の船が出ているが、ルアーでヒラメをねらう遊漁船はまだ全国的に広がってはいない。さまざまな魚種がルアーのターゲットとして定着し、船が仕立てられるようになっている現状を考えると、沿岸の比較的浅いところを流しながらバイブレーションやワームのキャスティング、ジギングでヒラメをねらっていくスタイルが、いつの日かメジャーになる可能性はある。

⬆ボートで釣りあげられたヒラメ。ヒラメをルアーで専門にねらう遊漁船はまだ少ないが、今後増える可能性はある

春のサーフは状況次第で近距離勝負

春になるとホンダワラなどの海藻が切れて海面を漂う。切れ藻の多くは沖から流されてきて、やがて海岸線に打ち寄せられる。春にヒラメをねらっているとルアーのハリがよくこの海藻を拾ったり、ラインに絡む。ひどい場合はライン同士の絡みにまで発展し、切らざるを得なくなる。特に、遠投してじっくり探っているとそうなりやすい。春にヒラメをねらうときは海岸線に打ち上げられた海藻の量や沖の一帯を確認して、切れ藻が多いときはショートキャストで近距離勝負にとどめておくほうが無難である。

⬆春になると切れ藻が漂う。これがサーフの釣りを邪魔する

澄んだ潮よりはササニゴリくらいのほうがヒラメ釣り日和ではあるが、強い濁りは逆に不利になる

釣法

ソフトルアー

濁ったときにじっくり誘う切り札

探すべきは離岸流のみならず

ヒラメ釣りでは必ずといってよいほど「離岸流をねらえ」と紹介される。だが、この離岸流は慣れないと判別しにくいし、潮位変動によって発生箇所が移ろうほか、サーフは地形が変わりやすいので、いつも決まった場所でできるとは限らない。離岸流はサーフに対して垂直に沖に出ていく流れで、ヒラメをねらうときはついこの沖への流れに気を奪われてしまうが、実はサーフでも横流れは多く発生している。離岸流がわかならい、発生していないと嘆く前に、横流れが利いていると思ってキャストを繰り返すことをおすすめする。サーフからの釣りでは、横流れに対してルアーが横切る角度になるため、ルアーを引いた感触から流れの強弱をつかみやすく、強い流れを重点的に探っていくとよい。

➡横流れも軽視できない。角度の関係で離岸流を見つけるよりも、横流れの強弱を知るほうがわかりやすいかもしれない

大切にしたい時間帯

サーフのヒラメ釣りの確度を上げるには、まず好シーズンの春と秋に釣行を計画し、次に釣り場にベイトが存在していること、流れが止まっていないこと、時間帯を考慮すること。理想的な日の一例は、朝マヅメに干潮もしくは満潮の時間帯が重なる日である。潮止まりを挟んだ前後は、確かに流れが止まる時間帯もあるものの、少し待っていれば流れにさまざまな変化が生じるタイミングでもある。なおかつ、朝マヅメはベイトが動き出す時間帯と重なっている。朝の出勤前にちょっとだけサーフに釣り出かける人が多いのも、1日のなかで最大ともいえるチャンスを逃したくないという思いからだろう。

⬆夜明けの時間はヒラメ釣りにとってゴールデンタイム

ヒラメは短時間でケリがつく

生きたイワシやアジをエサにしたヒラメ釣りでは、「ヒラメ40」と言われ、アタリが出てもすぐに合わせず、40秒待つのがセオリーとされていた。

しかし、ルアー釣りではこの格言は当てはまらず、ヒットすれば高い確率でハリ掛かりする。

強いていえば、ワームのときは尻尾を噛みちぎられたりするが、それでも待たなければ掛からない、待てば掛かるというのはほぼない。

オカッパリのヒラメ釣りは、案外すぐに結果が出るものなのだ。粘ったから釣れるというものでもないし、粘らないと釣れないというわけでもない。

できることなら、終日釣るよりも晴れの日や曇天、潮回りを変えて短時間釣行を繰り返すほうが収穫は大きい。

特定の釣り場通いがこの釣りを磨く

シーバスと同様に、自分のホームグラウンドを作って通い込めば、潮位による流れの変化や地形がより具体的にわかるだけでなく、どの時期になればどのベイトが入ってくるといった重要な要素が見えてくる。その蓄積が1尾、1尾は2尾、2尾が3尾へとつながっていく。

⬆釣り場で出会った人と情報交換するのもヒラメを知るのに有意義だ

底濁りは難敵

台風一過は釣りにプラスに働く場合が多い。しかし、ウネリが残って底濁りがひどいとヒラメ釣りにはマイナスだ。こんなときは翌日か翌々日に条件が整うパターンだが、濁りがあるときの対策としては、より強い波動のルアーを使う方法とワームを使ってじっくりアピールする方法とがある。現在はヒラメ専用に開発されたジグヘッドとワームの組み合わせがあるほか、ハタ釣りにも高い実績を出しているブレードもさまざまな種類があり、ヒラメ釣りにも有効だ。これらはじっくり探りつつ、アピールも効かせられ、濁った状況でもヒラメに気づいてもらいやすくなっている。

⬆濁りが入り、潮も動いていないとなるとなかなかヒットしないことがうかがえる。しかし、こんな日も一応チェックしておくのが後々活きた経験になる

⬆秋は夜にヒラメが釣れることもある。外灯周りにアジなどが寄ると、その周辺の海底にいる場合がある。そんなときは5～7g前後の小さめのジグヘッドに2in程度のワームで探るとヒットしやすい

⬆5～7g前後の小さめのジグヘッドに2in程度のワーム

⬇夏は数釣りのシーズンだが、ソゲクラスが主体になる。この時期はヒラメの動きを把握するのに適している

⬆腹が真っ白なのは天然ヒラメの証。秋～春のヒラメは美味の一言に尽きる

⬆ヒラメ用のジグヘッド＋ワームもさまざま登場している

タチウオ

こんな魚

分布：関東、北陸以南／産卵期：夏～秋／ベストシーズン：夏と秋／食性：魚食性が高い／釣法：ハードとソフトの双方のルアーで成立／釣り場：岸（堤防や沖堤防）、沖

タチウオはこんな釣り

元々はエサのテンヤ釣りが主流で、現在もテンヤ釣りは盛んだが、そこからルアーにまで発展した人気のジャンル。ご当地ルアーも登場するなど、各地に独自のスタイルがあるものの、メタルジグ、ワーム、プラグの３大ルアーを使うという基本路線は全国共通だ。沖で釣れるサイズは岸よりも大きい。

釣法

オフショアゲーム

日中も夜も近海で手軽に数釣りが楽しめる安定の釣り

3大要素

◉ブルッ！　と一瞬強い波動を出す
◉控えめのジャークでバラシ防止
◉バイブレーションのキャスティングも効く

タチウオ攻略

タチウオは見てのとおり歯が鋭い。太いリーダーでも切れる。よって、リーダーが歯に当たらないように控えめの操作で釣るほうがよい。

そのためには、イトフケはなるべく出さない。タチウオをねらうときにジャカジャカとド派手にジャークしないのは、アピールの点でも必要ないことに加えて、バラシを未然に防ぐうえでも都合がよいからだ。派手に動かすと歯がリーダーに触れやすくなる。

タチウオは、牙でエサに致命的な一撃をくらわせたのち、ゆっくりと捕食にかかる。ルアーでブルッと一瞬強く波動を出すのが有効なのは、波動にメリハリをつけて、エサだと認識させるためだ。

日本各地のタチウオ釣り場の水深は、浅ければ20m未満、深いところは１００ｍを超える。よってジグ重量は水深に合わせて30～１５０ｇとなる。

タチウオジギングは現在も根強い人気を誇り、さらなるアイテムの充実が進んでいる。

専用のジグがいくつもあるのはもちろんだが、それと同じくらいハリも重視したい。タチウオが一撃をくらわせてきたそのワンチャンスに確実にフッキングするような、鋭いものを備えておきたい。

ルアーセレクト

ルアーの重量は水深に合わせて選ぶが、バイブレーションやワームは巻くのが基本であるため、浅い海域での使用を前提としてよい。理由は、重いとなかなかの抵抗になるためだ。深いところはタチウオ専用ジグに切り替えるほうが無難である。それに、バイブレーションやワームのジグヘッドにも重さに限りがある。カラーは紫、夜光（グロー）、紫と夜光の縞模様（ゼブラ柄）がよく使われる。

⬆タチウオでは細身のジグが使われることが多い

⬆水深が 30 mまでであれば、ジグヘッド+ワームによるワインド、8 の字の動きをするアイスジグも有効

基本タックル&基本釣法

ロッド：タチウオ専用ロッド 6.5ft 前後
リール：PE1 号が 200 m巻けるリール
ライン：PE0.8 号
リーダー：フロロカーボン４～５号
先端にタチウオ用市販ワイヤーを結束してもよい

◉スピニングタックルでもよいが、ベイトタックルが主流となりつつある。基本は、釣りをする水深が浅ければ着底スタートでよい。深いと船長から探る層に関して指示が出る場合が多く、その指示の少し下から探り始める。ジグは巻き上げながらジャーク&フォールで変化をつけて誘い、プラグやワームはただ巻きもよい。

➡ジグの後にタコベイトを仕込んだフックでねらうのが漁師風だ

⬅タックルはスピニングとベイト両方あるが、ベイトが主流になりつつある

ステップアップ

アクションさせるときは、使うルアーにかかわらず、脇を固めてしっかりとサオを保持し、動きを連続させてもタックルがブレないようにする。アクション時にロッドがブレると海中のルアーの動きにメリハリがつきにくい。この姿勢はアクション面だけでなく、アタリを取るときにも役に立つ。

⬅しっかりロッドを固定させ、リールのハンドルを回すのがコツの１つ

My Keyword

自分で発見した秘訣をメモしておこう

春
夏
秋

エキスパートの視点

ワインドでねらうにしても、ロッドの振り幅によって波動の強弱を変えている。大きいのを釣るには小さい魚がこないように波動を抑える。あるいはその逆をする。いつでも同じ力加減、同じ振り幅では釣っていない。さらには、絶えず海中をイメージしている。特にワインドのアクションのあとの沈下姿勢を気にしている。理想はなるべく水平だという。これは生きた小魚の姿勢だ。使っているジグヘッド＋ワームがどんな姿勢で沈んでいるかは、釣りを始める前に知っておきたい。もっとも、どれだけイトが出ているかによっても姿勢が変わると覚えておく。

⬆日中も夜も、タチウオは束釣りが可能なターゲットだ

釣り場と時間帯

港湾部、湾内、内海といったあたりがタチウオが入ってくるエリアのキーワードで、釣り場は足場が整備された護岸、岸壁、漁港、堤防が多い。時間帯は夜がメインというか、オンリーと考えてもよい。夜に岸壁とくれば外灯はつきもので、外灯もしくは街灯りが海面を照らすところがよい。これはプランクトン～小魚というエサの連鎖ゆえだ。さらに、照らされて小魚が表層近くにいることが多いため、自然とタチウオの層も浅くなり、場合によっては水面直下ということもある。

⬇ナギの夜がタチウオ向き

釣法

ショアゲーム

身近な釣り場を舞台にした夜がメインの釣り

ルアー釣りの強み

エサ釣りは本当に食べられる生エサを使うのが強みだが、そのプロセスは仕掛けを投げたあとアタリを待つスタイルだ。一方のルアー釣りは、置いていただけでは食わないので動かすのが前提となる。動かすことのよさは、瞬間的にスイッチを入れられるところだ。また、動かすことによってハリがタチウオの肉をとらえる確率も高くなる。１本バリではなく、ハリ先が複数あるハリがこの釣りに使われるのは、そうした背景からである。エサを使わないだけにギミック（ルアーならではの効果）で勝負するわけだ。

➡夜にバイブレーションで釣れたタチウオ

ワインド

ワインドの動きはエギングのシャクリに近い。ワインド釣りの代用ロッドにエギングロッドが相応しいということからも双方の共通点がうかがえる。ワインドアクションの動きは、ロッドを持ち上げたら力を抜く。慣れた人がこれを連続して行なうと、ひとつひとつの所作が滑らかに連なってくる。ムチを振るような動きや長いロープを波打たせるような動きにも見える。大事なのは、力が抜けたときにワームが動くだけのイトのたるみ、アクションの代（しろ）ができているところだ。イトを張り続けていてはメリハリの利いた動きにはならない。

➡ワインドにヒットしたタチウオ。ジグヘッドを見ると上方が三角形状に尖り、水を切る形状になっているのがわかる

鉄板アプローチ

釣り始めるとき、魚がどの層にいるかを突き止めるのはその後を大きく左右する重要な手がかりだが、夜にタチウオを釣る場合は、釣り始めから中層以上に絞ってよい。エサを食いに浅場に入っているため、上層にいる確率が高いからだ。特に満月の大潮回りは月夜もあって明るいため浮きやすい。中層以下は、上層にいないと判断したときに初めて着手すればよい。探りのイメージは、横一直線。レンジキープして層を輪切りにするように攻めるとタチウオの居場所がはっきりしやすい。さらに、ルアーを動かすなかでハリ掛かりさせることを考えているタチウオ釣りでは、身切れを防止するためにややドラグは緩くしておいたほうが無難である。もっとも、ユルユルだとフッキングが決まらないので、あくまで締めすぎ注意という塩梅である。

ルアー

岸釣りでは投げて巻く釣りになる。いわゆる水平方向の釣りだ。よって釣り場の水深も浅いほうが有利である。タチウオにとっても夜にエサを食うには浅いところのほうが労せずにエサにありつける。投げて誘う岸釣りで用意しておきたいのは、ダートするジグヘッド＋ワーム、メタルジグ、バイブレーションやスピンテールジグである。アクションでルアーの存在に気づかせるのがルアー釣りの仕組みだが、軟体のワームなら発光体を差し込める。発光体は視覚で捕捉してもらうのに好都合である。食い損ねに備えてアシストフックを搭載しておくとバラシが減らせる。

➡ジグヘッド＋ワーム＋アシストフック＋発光体がワインドリグのフルセット

⬅メタルジグはワインドでは探れない距離、深さを調べられる

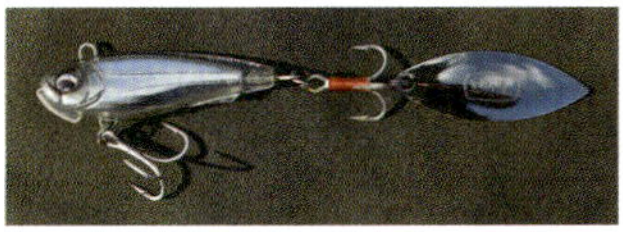

⬆スピンテールジグやバブレーションは巻くだけでよいほか、ワンジャークさせてブルッと動かすのも効果的だ

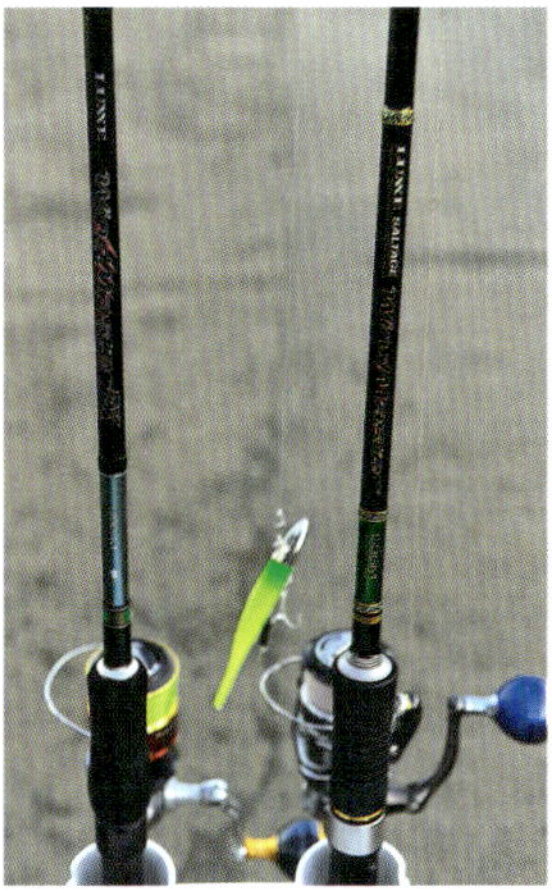

➡ 8ftなかばのワインド専用ロッドにPE0.6号、リールはそれを150m巻ける大きさ、リーダーはフロロ6～7号。これでほかのハードルアーも扱える。

毎年恒例の釣りモノ

タチウオは、日中は深いところで待機しており、夜になると浅場で活発にエサを追う。

ちなみに、ケンサキイカも似たような行動を取る。

したがって、両者の日中の沖釣りでは、群れで底のほうに固まっているところを探してねらい撃ちにする。

特徴ある生態を上手く利用したヒトの知恵だ。

岸釣りも同じで、タチウオは求めているエサや水温、深場と浅場の位置関係などから、毎年だいたい同じ釣り場に姿を現わす。もちろん、水温やエサの状況によって入る数や時期にバラツキはある。

岸釣りはそれぞれ自由に釣りの時間を決められる。「常連がいたら、その人の動きに合わせるほうが釣果を得やすい」という説があるが、これはあながち間違いではない。

ヒラスズキ

こんな魚

分布：全国／産卵期：晩冬／ベストシーズン：春と秋／食性：魚食性が高い／釣法：ハードルアー中心に一部ソフトルアーでも成立／釣り場：岸（沖磯や地磯、砂浜、漁港）、沖

ヒラスズキはこんな釣り

シーバスと同様に、ソルトルアー黎明期より釣り人の憧れとして高い人気を保ち続ける孤高のターゲット。風と打ち寄せる波のリズム、生きたサラシを判断する眼力と、磯をどんどん歩き続ける脚力、おぼつかない足場でキャストを繰り返す体力が求められるこの釣りは、ミノー中心の王道プラッギングといえる。

釣　法

プラッギング

荒れた海に君臨する
プラチナ色の磯魚との対峙

3大要素

- 風を読み、コースをイメージする
- 波のリズムを観察し、タイミングを計る
- レンジとルアーサイズのフィッティング

ルアーに生命を吹き込む

せっかくいいポイントにキャストが決まっても、直後にまとまった波が押し寄せたら、その1投は台なしになる。

そればかりかルアーが岩に引っ掛かったり、そのポイント自体を潰す可能性さえある。

この強烈な波の力があるからこそベイトが押し寄せられ、白波は厚いサラシとなってヒラスズキの隠れ蓑となり、活性を上げ、活発な捕食行動へと駆り立てるのである。

波は風が引き起こす。だから、風向きと波を計算してキャストする必要がある。いうまでもなくそれは1投ごとに行なわなければならない。

風はキャストには不利で、どんなに低い弾道で投げてもイトフケが出てしまう。だが、風向きを利用してイトフケを出せば、岩の裏にルアーを着水させ、岩を縁取るように引いてくる芸当も可能になる。

過酷な荒波の中で意思を持った動きをする物体は、ヒラスズキにとってはもはやベイトでしかなく、捕捉すればアタックしてくる。

風向きと波のリズムを観察し、波が砕けて平らになったときがルアーを引くチャンス。投入するタイミングはその直前である。

⬅年間を通じて多用されるルアーサイズは 10 ～ 14cm。あとは季節の傾向に応じて大小を充実させる

⬇追う距離が短いときやエサが小さいときは、小さめのルアーや潜るルアー、また逆にトップウォーターが重宝する

ルアーセレクト

フローティングを主として、ミノーとリップレスミノーのサイズ及び潜行度合いの違うタイプを充実させ、これにシンキングミノーやシンキングペンシルで構成させる。サラシが薄いときやベイトサイズが小さいときはメインルアーへの反応が低下することがよくあるため、それに備えてトップウォータープラグ、小ぶりのジグミノーなどを数個は持参し、携行はトータルでケース 2 個分を目安にする。

基本タックル&基本釣法

ロッド：ヒラスズキ専用ロッド 10 ～ 11ft 弱
リール：PE2 号が 200 m巻けるベイトリール
ライン：PE1.5 ～ 2 号
リーダー：フロロカーボン 8 ～ 12 号

◉スピニングタックル一択といってよいが、一部のマニアはヒラスズキ釣り用にカスタムしたベイトリールのタックルを偏愛する。投げる、イトフケを素早く巻き取ってルアーを引く、目をつけたねらいのポイントでいつきてもいいように身構える、そこを通過したら割と速めに巻き取って岩の隙間からルアーが引っ掛からないように回収する、というのが一連の流れで、その前段に波風の計算がある。

➡向かい風の中でもしっかり振り抜ける軽さと細さがヒラスズキロッド

ステップアップ

ルアーとリーダーの結束は、スナップを使わず、ソリッドリング+スプリットリングもしくは直結にしておくほうが無難だ。直結にはソフトチューブを通してショックアブゾーバーにし、負荷を和らげるのも有効。スナップは、魚が掛かったときの瞬間的な衝撃に引き波のパワーが加わると破損するケースがある。

➡ルアーサイズ、引くコース、潜行深度、ポイントが合致すればこうしてヒットする。いい時期のヒラスズキはヒットが多い

My Keyword

自分で発見した秘訣をメモしておこう

風向き

いくら風が強くても、釣り場に当たらない方角だとサラシはできない。太平洋岸であれば北東、東、南東、南の風がよく、日本海岸では北、北西、西、南西の風がよい。もっとも、周囲を海に囲まれた沖の独立礁や離れ小島や離島は、風が当たる面に磯があれば釣り場になる可能性があるため全方位といえる。磯でなくても、たとえば磯場から突き出た小波止が釣り場になるところもある。だが、そういう場所は自然環境が豊かな離島の小場所であったりする。風速８～10ｍ強の風が吹くとサラシができ、それ以上は吹きすぎで、それ以下は足りない場合が多い。

⬅予報よりも早く風が落ちたことと、潮位が上がってきたことでサラシの面積が徐々に狭くなっている状況下の海

釣　法

地磯釣行

魚を釣るだけでなく、自然を丸ごと楽しむ

１日のプラン

地磯の規模が大きければ１日をかけて釣り歩けるが、小さいとすぐに探り終えてしまう。小規模の地磯は次に入る釣り場も考えておくべきだが、重ねて考えておきたいのは干満の兼ね合いである。満潮前後を移動の時間に当てられるように考えて行動するとよい。

➡自然との一体感もヒラスズキ釣りの魅力

ルート

地磯釣行では、釣り場に降り立つまでのルート、釣り歩くルートを知っておくことが絶対条件である。山中を抜けて往復することも多いため、道を間違えると遭難に等しくなる。釣り場に降り立ってからは、釣り歩いた先に地磯の出口があるのか、釣り歩いた地磯を戻る必要があるのかを知っておく。歩いた先に出口があれば、そこから舗装道路に出て、駐車したところまで戻れる。出口がないと戻るときも釣りができるため、干満や海の状態を勘案して、往路では手をつけず、復路でねらうためにポイントを温存させておくことも可能である。

➡急勾配を経て釣り場に入るところもあるが、無理をせず自分の力量に応じて安全第一を徹底することがこの釣りの基本でもある

準備不足と過信に注意

この釣りでは、過信と準備不足は身の危険を招く。波高、風向き、天気図もチェックする。等圧線が釣行地域にかかっていれば強い風が予想される。

釣り場となる地磯までのルート、釣り場に立ってから先のルート、釣り場の規模、釣り歩いた先の出口の有無。これらを事前に知ってからでなければ、釣行は控えるべきだ。

荒天時にぶっつけ本番で初めての地磯に入るのは無謀以外の何ものでもない。

最初は詳しい人と同行するのが賢明だ。地磯の単独釣行は、女子の夜道の1人歩き並みに避けたほうがよい。

単独釣行がやむを得ない場合は、天候が穏やかで、潮位が大きく下がる潮回りの干潮時にあらかじめ下調べをする。

干潮時に行なうのは、釣り場が歩きやすくなるからである。

波高

波高が低いとサラシができず、ヒラスズキ日和にはならないが、逆に高すぎても釣りにならないどころか生命の危険も出てくる。常に安全圏内で釣りをする。これがヒラスズキ釣りの掟である。波高の目安は２～３ｍ。3.5ｍ以上になると爆風の激荒れと思ってよい。逆に２ｍだと、シケ始めはサラシが足りないとも考えられる。シケ後の２ｍならほどよい。シケが収まって波高は 1.5 ｍほどに落ち着き、サラシだけが残っているときが理想である。

⬅２月は一般的に厳しいが、温かい地方の離島に行けばむしろ産卵絡みの大型にも出会いやすい

四季の傾向

春の早い段階は産卵の終期にかかっている可能性があるが、３月後半から４月に入れば産卵後の好機に突入し、５月下旬まで釣りやすい時期が続く。初夏以降の夏も釣れるが、ベイトサイズが極端に小さくなってルアーが限られたり、摂餌が朝限定になったり、常時流れがあるような沖磯がよくなったりする。秋は季節が深まるほどによくなる。初秋はルアーサイズへの好き嫌いが目立ち、小さいルアーやトップウォーターの出番が増える。冬を迎えるとサラシの点では好条件が多くなるが、寒さで水温が下がるとヒラスズキが沖に出たり、ルアーを追う距離が短くなったりして釣りづらい。寒さが安定すればいい釣りができるが、年末年始から１月になると産卵期に入り、２月中旬あたりまで渋い時期が続く。

⬆春は気候的に磯歩きがしやすく、かつ大型のヒラスズキをたくさんねらえる絶好期だ

そもそも、ヒラスズキ釣りは潮位が低いときのほうがサラシが広がりやすいため、干潮前後を中心とした釣りであることを覚えておきたい。干潮時のほうが総じて釣り座も多くなるというのもある。

また、地磯はいつでも誰でも入れるため、ヒラスズキ日和は先行者がいることも多い。出会ったら挨拶し、先行者を優先させるのがマナーだ。

先行者のあとから釣る場合はシビアになるため、よりタイトな攻め、小さいルアーの使用、遠投、沈め気味のアプローチでワンチャンスを拾う釣りに比重を置いて釣り歩くのがよい。

激荒れでなければトップウォーターも試す価値がある。

慣れるまでは、誰もがルアーを何個も失くしてしまう。しかし、釣りだけではなく、山や海と一体となって自然を丸ごと楽しむ躍動感がこの釣りの醍醐味である。

春の沖磯で出たヒラスズキ。春は絶好機だ

釣　法

沖磯釣行、アナザースタイル

沖磯、ほかにボートやゴロタ浜や漁港でも

沖磯

渡船のよいところは地磯歩きを省略できるのと、先行者の心配をしなくてすむところだ。船長に任せておけば、ヒラスズキに向いた釣り場に案内してくれる。そもそも釣行が可能なシケかどうかを船長が見極めてくれるので、リスクを下げられるところもメリットだ。よってヒラスズキ釣りが初めての人によい。さらに、初めての人が手っ取り早くヒラスズキを釣るには、バイブレーションの使い勝手のよさが重宝する。同じポイントから何尾も続けて釣るには厳しいが、とりあえず１尾釣ってヒラスズキとご対面したいのであれば、飛距離が稼げていろいろな層がすぐに切り替えられるこのルアーが威力を発揮する。

渡船で渡されるのは大小さまざまな磯だが、無人島に渡してくれると地磯と同じように長い距離を釣り歩ける。規模が小さければ同じ釣り座で釣り続け、回収時間に神経を使わなくてよいが、無人島の場合は船が迎えにくる時間までに同じ場所に戻っておかねばならない。ゆえに時間配分の意識が必要だ。もっとも、この時間配分や釣りのペース配分は、干満がより密接に関係する地磯釣行では不可欠なスキルである。

夏の地磯歩きは冬以上に過酷で、ムシ、マムシ、猛暑が大敵となる。よって夏は特に渡船釣行がおすすめ。初夏もヒラスズキは釣れる。サラシがなくても、ベイトが入っていれば朝の短時間ならチャンスがあるのだ。ベイトに合わせたルアー選びは夏も不変で、夏は小さめのルアーを充実させておくほうが成功しやすい。また真夏になると潮の流れが盛んなところがポイントになりやすい。

⬆渡船に渡してもうらうことで地磯の山歩きをショートカットできるほか、安全面も確保される

⬅船長が渡してくれたあとは、当然、自分の判断で釣り歩く。最後まで油断しないように注意深くありたい

➡先行者がいないことはフレッシュな魚を相手にすることを意味する

⬆沖磯でもサラシが広がる浅場、シャローがヒラスズキ釣り場となる

漁港

これも夜の釣りで、しかも季節は春や秋に多い。夏はセイゴクラスが河口や河口近くの漁港でヒットする。使うのはアジやメバルを釣るときに使うジグヘッド+ワーム、いわゆるジグ単だ。ライトタックルなのでやり取りがスリリングで興奮する。ヒラスズキは夜の外灯周りに集まったアジやメバルを捕食するために集まっているといわれているが、それに合わせたプラグを使ってもなかなか反応が得られず、むしろジグ単にヒットすることが珍しくない。ヒラスズキもアジやメバルと同じものを食っている可能性が捨てきれない。

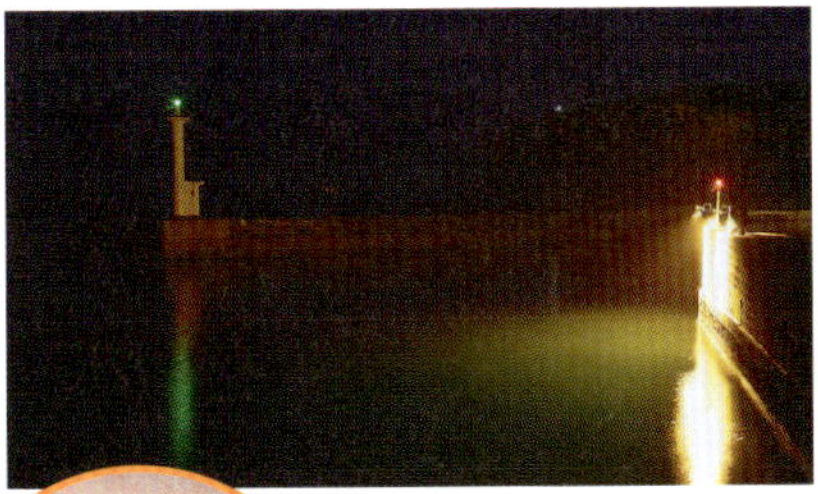

⬆アジ、メバル釣り場でも釣れる。外灯があって、明暗の境界から暗部でよくヒットする

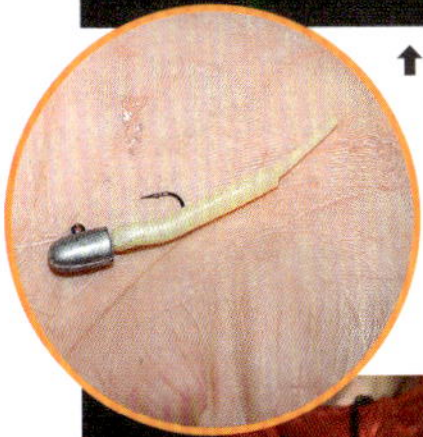

⬅アジやメバルを釣るようなジグ単でヒラスズキが釣れる

⬇まさにアジを釣っている最中にヒットした1尾

ヒラスズキ夜話

夜の釣りになるが、秋から冬にかけて成魚のヒラスズキが磯以外の砂浜やゴロタ浜、砂利浜、河口や河川内で釣れるエリアがある。この手のヒラスズキは、日中は沖の根周りに待機していて、天敵がいなくなる夜になると浜の浅いところや河川でエサを漁るといわれている。周辺に目立った磯がないエリアでその傾向が強いようだ。浜の波打ち際のヒラスズキを釣るときは、ヒラメ釣りで気をつけるのと同じように、波の上下動によるルアーの動きの不安定さを取り除くこと。波が上下に動くのに応じてルアーも上下に動いていると食いにくいため、できるだけ一定の層をキープしてルアーを引けると反応を得やすい。このアプローチに即したルアーの1つがシンキングペンシルである。

➡浜では直接照らす外灯はないのが通常だが、道路の明かりが届くくらいで、あまり明るくないほうがよいようだ

⬅シンキングペンシルは夜の浜でのマストルアーだ

⬆夜のゴロタ浜で出た良型ヒラスズキ。エサをたくさん食べていて、いいコンディションだ

TPOに限らず

ヒラスズキ釣りに必要な事柄をピックアップ

- ルアーは、巻き始めたらすぐにアクションする立ち上がりの早いルアーを使う。
- ショアの青もの釣りと同様に、キャストコースとどこで食うかを想定する。
- 高速巻きのあと、食うと思ったポイントでピタッと止めてみる。
- ルアーが泳ぐギリギリのスピードで引いてみる。
- 数回投げて反応がなければ次のポイントに変える。
- サラシならなんでもいいわけではない。サラシの周りにさらに沈み瀬や流れがあるところを優先してチェックするほうがよい。

カンパチ

（幼魚含む）

こんな魚

分布：本州太平洋岸～九州／産卵期：春～夏（親魚）／ベストシーズン：夏／食性：小魚、甲殻類／釣法：ハードとソフトの双方のルアーで成立／釣り場：岸（磯や堤防）、沖

カンパチはこんな釣り

幼魚と親魚のギャップが激しく、群れで回遊する幼魚は夏期に日本の広い地域の沿岸～近海で気軽に釣れる。対して親魚は60～70kgにまでなり、太平洋岸の高知、鹿児島、沖縄、小笠原諸島など温かい海の深いところが主な釣り場となる。しかも、釣れるのが岩礁帯の下層であるためキャッチが難しい。

釣法

ライトゲーム

シオ、ショゴ、ネリゴと呼ばれる幼魚は日本各地を回遊

3大要素

◉ナブラが目印の表層勝負
◉釣り場は湾口、水道、海峡近く
◉下層勝負は潮とカケアガリを探す

釣り場探しの目安

釣り場は地続きの漁港や岸壁、沖堤防、地磯、沖磯、果てはボートからなど、いろいろなところが候補になる。

しかし、カンパチの幼魚は神出鬼没の一面がある。

ナブラという最もわかりやすい形を除くと、どこに行けばいいの？　と迷いやすいのだ。

幼魚は、大きくなろうとする本能で沖や沿岸を広く泳ぎ回りながら盛んにエサを漁る。

夏は太平洋岸の南海のみならず、本州の日本海側や九州の玄界灘、瀬戸内海など、いたるところに姿を見せる。

ボートから釣るときはナブラを探して簡単に移動できるし、ナブラが遠くても近づけるが、岸からだとそうはいかない。

岸からねらう場合には、海峡に面した潮が当たって来るほうや、水道の中、水道の両端、湾口など、地形的に間口が狭く絞られたところに釣り場を求めるとよい。

そのほかに、湾内に中規模以上の河川が注いでいれば、エサとなる小魚が湾内に差したタイミングでカンパチの幼魚が入ってくる。

一度湾内に入れば、しばらく居続けるケースも多い。もっとも、岸からルアーが届く範囲内に来てくれるかどうかはそのとき次第だ。

⬅沖磯や外洋に面した釣り場は飛距離頼みになるケースも少なからずある。大きい（重い）ジグも備えておきたい

⬆5～10㎝のメタルジグがあると重宝する。ほかに近距離はプラグやワームも選択候補だ

⬇ハタ釣りでおなじみのルアーにも反応する

ルアーセレクト

メタルジグが使いやすい。すぐに沈むので表層に浮いているときは合いにくい気になるが、速く巻けばジグでも表層を通せる。飛距離重視でジグを使い、ナブラが近づいたときはペンシルベイトやポッパー、ミノー、シンキングペンシルなどのプラグもよい。ナブラがないときはメタルジグを沈めるほか、バイブレーションやハタ釣りで多用するインチクやワームで下層を引いてみる。

基本タックル&基本釣法

ロッド：6～9ft ライトゲーム、シーバス、エギングロッド
リール：PE0.8 号が 200 m巻けるベイトリール
ライン：PE0.6～1号
リーダー：フロロカーボン３～５号

◉ボートだとロッドは6～7ft 前後が投げやすく、岸からだと7～9ft、ライトゲーム用のほかシーバスやエギング用も使える。シーバスやエギングロッドで釣る場合、ライン号数はそのロッドに合わせているリールに巻いているものでかまわない。ナブラを探し、出るまで待ついわゆるナブラ撃ちが手っ取り早い。ルアーをナブラに届けたら、速巻きやただ巻きのほか、少し沈めたり止めを入れて探る。

➡ハタ釣りに使うタックルももちろん代用可能

ステップアップ

ナブラは朝夕のマヅメのみならず、日中にもしばしば湧く。湧けばとても釣りやすくなるが、ナブラがまったくなく、広く探っても反応がないときは堤防の際の日陰をジグヘッド＋ワームで調べてみる。底層まで沈めたら堤防をテクテク歩きながら小刻みにアクションさせて斜めに巻き上げる。

➡日差しから逃げようのない日中の堤防でキャッチされた１尾。沖もナブラはなく、静かなものだったが、堤防際の日陰にルアーを入れるとすぐに反応した

My Keyword

自分で発見した秘訣をメモしておこう

フックセッティング

食いが渋いときはハリのタラシを長くすることが多い。弱い吸い込みでも掛かりやすくなるからだ。ただし、後方に重心があるジグだと沈下時にジグ本体とフックが離れる位置関係になるので、タラシの長さは重心の違いと魚がどの動きにヒットしているのかを見極めて調整したい。

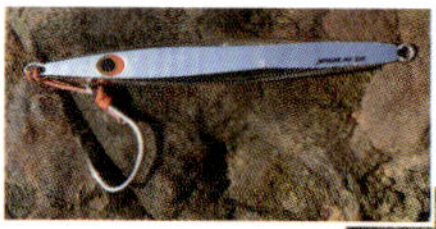

⬇タラシを長く取ったフック。口中に吸い込まれやすい反面、ハリ先がラインを拾うこともある

⬆タラシを短くしたフック。魚がジグ頭部を襲ったときに掛かりやすい

⬅シングル、ダブル、タラシの長さ、形状などなど、フック1つ取っても性格が分かれる

釣りのイメージ

時間軸で考えると、朝の薄暗いときはプラグでチェックする。その後、極度の曇天やシケによるさざ波などではプラグの釣りを続けてもよいが、穏やかな晴れの日に完全に明るくなるとジグに切り替える。ジグでは底～下層を釣っていくが、同時に流れの強弱に違いがあるところも探すようにしたい。特に、抵抗を強く感じるところはヒット層になる可能性が高い。あとは深いところから浅く変化している地形なども探す。

釣　法

ショアカンパチ

「人間に不利な条件」に対する挑戦の釣り

岸からの釣り場

外洋に面した地磯や沖磯が主な釣り場となる。湾内の堤防でも釣れる場合はあるが、台風一過などで養殖イケスから逃げ出した個体が交じっている可能性も充分にある。カンパチが釣れるのは主に太平洋岸に面しているので、波長の長い大きなウネリには要注意。鹿児島の釣り人にとってはメジャーなターゲットだ。さらに、釣り場でどこに立つかも重要である。潮を横切るようにルアーを引けたり、エサが溜まりやすい反転流ができるところに釣り座を構えたい。もちろん、狭小な釣り場より少し釣り歩けるくらいの規模がよい。

⬅黒潮が当たり、潮流が勢いよく通す磯が釣り場

➡磯だけではなく、海底も岩がゴツゴツして起伏に富んだ地形がよい。サラシが出ると幾分警戒心が解かれ、プラグに反応する期待も高くなる

難攻不落の相手

成魚のカンパチは根（海底の岩礁）に依存する傾向が高く、エサを食うときは潮流に乗ってカケアガリ沿いを泳ぎ、捕食も下層で行なうことが多い。したがって、プラグに反応しないことはないものの、ヒラマサやブリほどにはトップウォータープラグに反応するわけではなく、釣りを組み立てるのはメタルジグが中心になる。

カンパチはよく根魚のスジアラにたとえられる。

どちらもハリ掛かりすると必ず根がある方向に突っ込む性質がある。その後、スジアラは根の間に入り込もうとし、カンパチは根に魚体をこすりつけながら回ろうとする。

突進力のスジアラに対して、ハイスピードのカンパチと表現される。

カンパチは、本土の沿岸から日帰り圏内で釣りができる中で

ジグ

ジグは100g前後を中心にロングジグと呼ばれる細長いシルエットのほか、短いもの、扁平型など、さまざまな形状を用意する。また、重心が前方にあるもの、中央にあるもの、後方にあるものに大別され、いずれも用意しておきたい。前方と中央にあるものは、シャクったあとにどのくらい弧を描きながら沈下するかをイメージし、後方にあるものは瞬発力で尻を振らせるイメージで扱うとよい。そのほか、左右非対称形状と対称形状では、沈下の動きが異なり、左右非対称形状は不規則な動きを交える。いずれも釣りは着底からスタートし、下～底層でヒットすることが多いので、心して臨まねばならない。

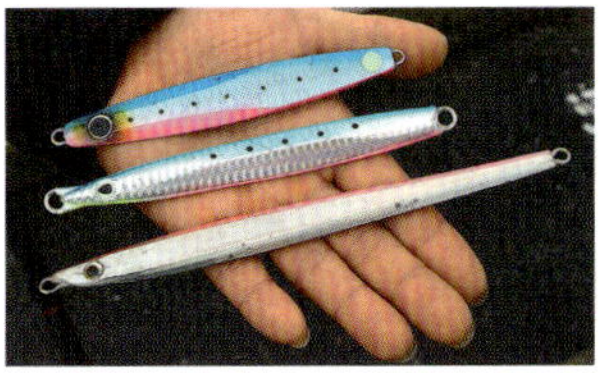

⬅メタルジグは100g前後の使用が多い

基本タックル&基本釣法

ロッド：10ft前後のショア青もの用かGT用ロッド
リール：PE5号が300m巻けるリール
ライン：PE5～6号
リーダー：フロロカーボン18～22号（ジグ）、
　　　　ナイロン22～30号

◉大型魚を相手にする場合は、カンパチに限らず全体のバランスが大切だといわれている。それは、穂先の硬さとラインの太さであったり、魚が掛かったときの曲がりの調子と使用するハリの関係であったり、ルアーアクション時のグリップの長さであったりする。自分の体格や体力に合ったものを優先するほうが振り疲れは少ない。

⬅タックルは、青もの用の中でもさらに強いサオが向いている。メッキ用ではなくGT用を用いてもよい

プラグ

朝や夕方はカンパチが浅いところにも回ってきやすい。そのときはプラグへのヒットも望める。プラグはペンシルベイトやポッパーなどのトップウォータープラグのほか、トップに出きらないときやベイトサイズが小さいときに備えて上層を引けるリップレスミノーも使える。ただし、カンパチに耐え得る丈夫なハリがセットできるものでないとバランスは悪い。用意しておきたい長さは12～17㎝。

➡ヒラマサやブリなど大型青もの用プラグがそのまま使える

ナブラ……魚食魚にとってエサとなる小魚が水面まで追いつめられて、その一画だけ沸騰したように水面が弾けるように波立つこと。似た現象で紛らわしいのは、コノシロなど普段はエサになる魚が表層のプランクトンを食べて泳ぎ回るときもナブラが立ったようになる。

は、かなり難度の高い相手だ。大きく成長するし、パワーもスピードも持ち合わせている。そのうえタチが悪いことに警戒すると根に執着するため浮かせにくい。難攻不落と表現してもよい魚である。

その険しさがこの魚の最大の魅力になっている。釣りづらいのにねらうのではなく、釣りづらいからやる。釣りづらければ釣りづらいほど闘志が湧いて挑むのだ。

食味に関していえば、しつこくない甘味とコクを持った美味しい魚でもある。

ハイシーズンは幼魚同様に夏で、ごくまれに堤防でも釣りあげられるが、釣り場はおおむね地磯や沖磯である。

幼魚でもシーバス用ルアーのフックなら勢いで伸ばす力があるゆえ、成魚は掛けるまでも掛けてからも、道具はハリ先にいたるまで隅々まで考えて対処しなければならない。

釣　法

オフショアゲーム

今後ますます大型が出る予感

⬆オフショアもショアもカンパチだけではなく、ヒレナガカンパチもよくヒットする

よく釣る人の条件

オフショアの面白さは、釣り場選びの目に自分以外の判断が入るところだ。むしろ100%に近い比率で、船長の見立てで釣り場は決まる。自分の判断ではない領域があると、今はダメだな……と感じても実際はいつ何時チャンスに突入するかわからない。特にカンパチは突然チャンスが到来することがある。ドバドバ釣れたあと、シーンとなることもある。即ち、自分で後ろ向きに結論づける人よりも、淡々と釣り続ける人がやはり最後に笑顔になっている。オフショアのカンパチはウネリで出船できないことも多い。せっかく船に乗れたのなら、どっぷりと釣りに浸るのが一番だ。

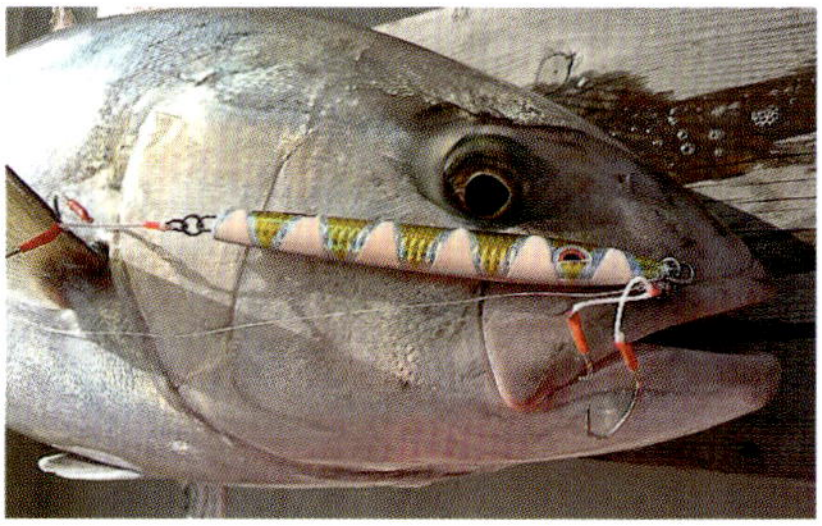

⬆細長い形状ながら、スロージギングと同じ要領でアプローチできるジグも登場している

⬆カンパチのオフショアジギングのエリアは南北にかなり長い。奄美や沖縄あたりでは、シーズンはほかのエリアよりも長いようだ（右下とも、写真提供：カンジインターナショナル）

2タイプのタックル

PE5～6号を使う場合、当然ロッドもそれに応じたものになる。太くて強いサオだ。とはいえ、張りが強すぎるものはカンパチ向きではないといわれている。穂先はジグを動かせる張りがあり、あとは大型の加重と締め込みを柔軟に受け止めてくれる設計のものがいい。リールもライン号数が太いぶん、ラインキャパシティーがあるものになる。対してPE2.5～3号を使うロッドは強いなりに細く仕上げられている。ガチンコ勝負とスロースタイルと、現在はカンパチを釣るにも選択肢がある。

二分する動き

かつてオフショアのカンパチ釣りといえば、筋肉隆々の人がやるイメージが強く、PE5～6号が標準の太さだった。まさに肉弾戦の様相である。

余談だが、岸からは現在もその太さがよく使われる。

ジグ重量は水深に合わせるが、ハリは前方のみにセットするスタイルが一般的だった。

しかし最近は、特に平成後期から令和に入って以降、細いPEラインで行なうSLJというアプローチが急速に発展した。その流れに同調するかのように、南海の深い海のカンパチジギングでも、細いPEがよく使われるようになっている。

太さにして3号。それで50kgを超えるモンスターがキャッチされているから驚きを禁じ得ない。このスタイルだとハリは前後に4本付けるのが主流だ。

スロージギング隆盛の背景

昔は弾き飛ばすような鋭く急激なジグの動きが有効だったが、少しずつそればかりでは通用しづらくなり、フワッとした動きによい反応が得られるようになった。このフワッとした動きを本領とするのがスロージギングなのだ。魚からすれば労せず追えて口に運びやすいジグの大きさと動きなのだろう。

スロージギングの進化

さすがにスーパーライトジギングというわけにはいかないが、発想はまさしく同質で、ロングジグとは対照的な木の葉形状のシルエットが小さく見えるジグを使って行なうスタイル。これも対カンパチとして定着し、スロージギングと呼ぶ。スロージギングはカンパチのみならず、大型化するハタ類も対象になるほか、中深海や深海ジギングでも取り入れられている。今後ますます発展するのは間違いない分野だと思われる。

⬆スロージギングでなにより印象的なのは、パワーファイターのカンパチを釣るにしては細い印象を抱いてしまうロッドのスマートさだ

➡本命だろうが、外道だろうが、カンパチを手にした人はみな喜ぶ

⬆写真左のメタルジグがスローモデル。ロングジグと違ってヒラヒラと落ちるのが特徴だ。ちなみに右はインチク

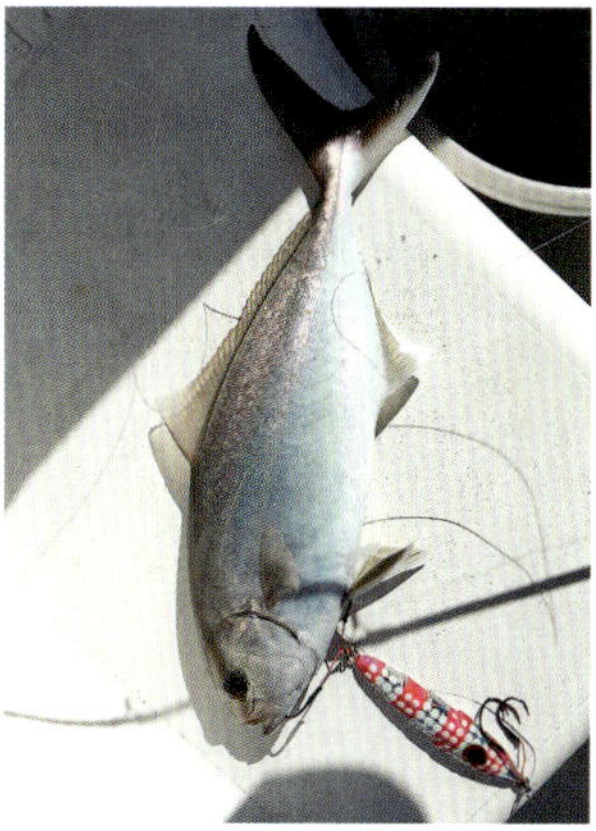

➡高嶺の花といってもよいくらいの魚、それがカンパチだ

ベイトタックル向き

パワー対パワーのガチンコファイトスタイルもスロースタイルも、カンパチジギングの主流はベイトタックルに移りつつある。ベイトタックルのよいところは、ボディーサイズに比べてラインキャパシティーが大きく、巻く力も強く、ジグの上げ下ろしや船縁でのファイトがやりやすいところだといわれている。底層で掛かったカンパチを少しでも早く底から切るのもベイトリールのほうが有利と考えられ、浸透している。

⬆対カンパチでタックルを考えると、ベイトタックルの充実が目立つ。大型をねらうときはレベルワインダーのないレバードラグ式やスタードラグ式ベイトリールが適している

シイラ

こんな魚

分布：全国／産卵期：夏／ベストシーズン：夏、秋／食性：魚食性が高い／釣法：主にハードルアーでねらう／釣り場：岸（磯、堤防）と沖

シイラはこんな釣り

灼熱の日差しがよく似合うトロピカルな色のパワーファイター。ボートだけではなく磯や堤防からもねらえ、サイズもメーターオーバーが期待できる。遠い位置からでもルアーが気になれば一目散に追いかけてくる、派手でわかりやすいリアクションに愛嬌と親しみを覚える。

釣法

プラッギング

追尾からのアタックシーンに血がたぎる

3大要素

- 直線的な速い誘いで様子をうかがう
- 想像以上にルアーサイズを気にする
- 広い視野で、出たところに素早く投げる

観察と集中

ボートではパヤオと呼ばれる浮き漁礁目がけてルアーを投入していく。ただし、パヤオに引っ掛けるとそのポイントが台なしになるため、慎重に、あまりギリギリをねらわないように投げるほうがよい。

サイズは抜きにして手っ取り早く1尾釣るには、誰よりも早くルアーを着水させ、アピールすること。一方で大型ねらいに慣れた釣り人は、周りの動向を観察しながらルアーの大きさやアクションの傾向、ルアーの深度などを、小型が反応しないものにしていく。

小さなルアーが有利になることも少なからずあるため、キャスティング・スキルのある人が有利で、それが磨かれる釣りでもある。

飛距離の点に注目すると岸はもっとシビアだ。特に堤防ではライバルがズラリと並ぶため、広角に探るのが難しい。自分の正面をどれだけ広く使えるかによってヒットの確率が変わる。

釣り場に立ったら終始投げ続けるのではなく、少し投げては海面の変化を観察し、チャンスがきたときに集中して投げる。

シイラは掛かると激しくファイトするので、まずは自分が落ち着くのが先決だ。周りはルアーを巻き取ってその人がファイトしやすいように協力する。

⬆ルアーはポッパーを中心にダイビングペンシルで構成する

ルアーセレクト

ボートではトップウォータープラグをメインにし、フォローでシンキングペンシルやリップレスミノーを使う布陣でよい。磯や堤防のショアだと、さらに飛距離が出てアクションも加えられるジグも備えておきたい。以前はパイプ系といって、空洞状のルアーで水しぶきをあげて誘う動きもあったが、スレやすさから近年は目立たない。プラグは12～19㎝、ジグは60～90g。

基本タックル&基本釣法

ロッド：青もの用キャスティングロッド 7～8ft
リール：PE4号が200～300m巻けるリール
ライン：PE4号
リーダー：ナイロン15～20号

◉磯や堤防から釣る場合、ロッドの長さが9～10ft強になる。そのほかはボートと同じでよい。高さのある磯や堤防だと、自ずと目線や視野も広くなるため、ボートとは違った味わいが魅力だ。ボートでは主にパヤオ（浮き魚礁）を撃っていき、豪快さの中にも投入コントロールが求められる。投げたら巻く、というシンプルな釣りの中でルアーサイズを強く意識するとよい。

➡タックルは青もの用キャスティングロッドが適している

ステップアップ

長崎県平戸市の田平周辺では、例年8月の終わりから10月にかけてアゴ（トビウオ）に付いたシイラが堤防や磯から釣れる。サイズは1mアップも珍しくない。地元や九州北部、さらに遠隔地からも多くの人がやってくる。チャンスの目安は北東風。これが吹くとベイトが岸寄りになり、岸釣りの射程圏になる。この人工構造物と風、ベイトの関係は他の釣り場にも応用が利く。

➡ボートではこうした雄々しいオスも珍しくない

My Keyword

自分で発見した秘訣をメモしておこう

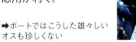

カツオ

こんな魚

分布：全国／産卵期：長期（諸説あり）／ベストシーズン：秋／食性：魚食性が高い／釣法：主にハードルアーだが、ソフトルアーでも釣れる／釣り場：岸（磯、沖堤防）、沖

カツオはこんな釣り

ルアーの対象魚としてかなり古くから認知され、フライの好敵手でもある。そればかりかバケやヅノといった日本の伝統漁具で釣る人も少なくない。釣り場も沖のボート釣りから沖堤防のオカッパリのほか、地続きの砂浜や砂利浜まで多岐にわたっている。いる、いないの白黒がはっきりしやすい魚である。

釣法

ハードルアー

ナブラを見つけて飛距離の出るルアーを撃ち込む

3大要素

- ただ巻きに反応するかをチェック
- テンポよくどんどん投げてどんどん巻く
- たまに中層にも探りを入れる

ひと口にカツオといっても……

ヒラソウダ、マルソウダ、ハガツオ、ホンガツオ、スマガツオなど、ひと口にカツオといってもさまざまな種類がいる。本州の太平洋岸には多くのカツオが生息するが、九州や日本海岸にはハガツオやスマガツオなどが多い。

カツオ釣りではナブラを撃つのが基本のようになっている。それが最もわかりやすいサインで、高水温期は頻繁にナブラが見られる。またナブラのないところでも食ってくるため、ナブラを待ちつつも釣りは適度に続けておくほうがよい。

使用するルアーは飛距離の出るメタルジグがよいのは、遠投して底から上層までの全層をチェックできるところである。ナブラが出る前、消えたあとは中層でもヒットするので探りは入れるようにしておきたい。

大勢の人がこの魚を求めるのは引きのよさと身の旨さだが、小型は脂が乗っていない。

カツオは泳ぎ続けていないと酸素を取り込めず、死んでしまう。小型も大型も、釣りあげられると余計に酸欠に陥って絶命するまでが早い。

小型は食べても美味しくないし、死にやすく、興奮するほどの引きでもないので、積極的にねらわないほうが賢明である。

ルアーセレクト

飛距離を稼げる点ではメタルジグが筆頭ルアーだ。難点はカツオが表層に執着しているときで、しかも速いスピードよりもゆっくりめの巻き速度に反応しているときである。重いメタルジグをゆっくり引くと、どうしてもある程度沈んでしまう。そこで飛距離を確保しつつ巻き速度を調整しやすいジグミノーも重宝する。スプーンやプラグ、軽いメタルジグで届くならば、それも試すべき。まず届くことが大切だ。

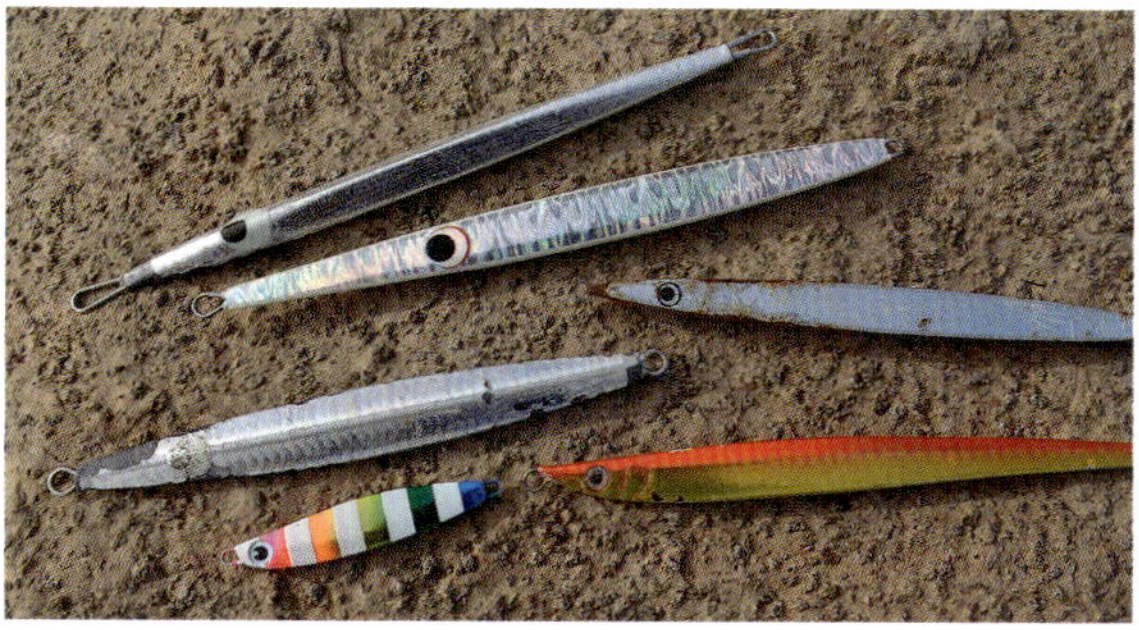

⬅メタルジグはカツオ釣りの筆頭ルアー。ほかにスプーン、ジグミノー、ツノ、バケ、あるいはフライといった選択肢もある

基本タックル&基本釣法

ロッド：硬めのシーバスロッドやヒラスズキ用９～10ft 前後
リール：PE1.5 号が 300 m巻けるリール
ライン：PE1.5 ～２号
リーダー：フロロカーボン６～８号

◉カツオのサイズにもよるが、中～小型はアジやメバルを釣るようなライトゲームロッドを使う動きもある。小さなメタルジグを遠投できるところがメリットだが、サイズが大きいと取り込みに時間を要する。沖釣りだとナブラを探し、そこに船が近づく。岸からだとナブラが立つのを待ちながら釣ることが多い。ナブラが立ったらその先にルアーを投げ、多少沈めたところから速めに巻く。

➡タックルはヒラスズキ用や軽めの青もの用が適している。ボートだと長さは７～ 8ft がよい

ステップアップ

疾走感あふれる強い引きも醍醐味だが、食味のよさも人気の秘密。せっかく釣ったのなら、そのへんに放置するのではなく、きちんと処理をしたい。要領のよい人は釣っては締め、氷と海水で浸したクーラーに突っ込むことを繰り返す。その点、ボート釣りなら船長やポーターがいるので処理の面では楽だ。

➡ナブラや鳥山はカツオがいるサイン。もちろんほかのフィッシュイーターの可能性もあるが、水温が高い時期はカツオが多い

My Keyword

自分で発見した秘訣をメモしておこう

メッキ
（エバ、GT含む）

こんな魚

分布：関東以南／産卵期：春／ベストシーズン：夏と秋（成魚は周年）／食性：魚食性が高い／釣法：主にハードルアーで成立／釣り場：岸（磯、堤防、河口、サーフ、リーフ）、沖

メッキ、エバ、GTはこんな釣り

幼魚のメッキは関東以南の広い地域にいて、エバと呼ばれる40～70㎝の若魚は九州南部の太平洋岸、成魚のGTは種子島・屋久島以南や小笠原諸島あたりになる。トップウォータープラグでねらうのは共通するが、大きくなるほどバイト数自体が少なくなり、ファイトも最強クラスになる。

釣法

プラッギング

幼魚、若魚、成魚でガラッと変わるトップ3ステップ

3大要素

- ●着水したらすぐにルアーアクション
- ●高速巻き&連続アクションでの誘い
- ●追尾したら一瞬の間を作って食わせる

いつかGTという頂点へ

メッキ（ギンガメアジの幼魚）が釣れるのは河口や河川下流域、サーフなど。小魚や甲殻類を捕食し、高水温期や湾内に温排水等が出る場所でよく見かける。

エバ（本書ではギンガメアジ、カスミアジ、GT＝ロウニンアジの中型クラスの総称とする）も高水温期の河口や湾内、地磯や沖磯など、メッキとの共通点を残しつつ、流れが速く塩分濃度の高い沖にいる。食性も魚食性が強くなり、キビナゴなどの小魚を漁る。

GTともなれば、暖海性と外洋性が増し、速い流れの磯場やリーフが釣り場となる。ダツ、シイラの幼魚、トビウオなどを捕食し、トカラ列島ではトビウオに付いたGTをゴールデンウイークから梅雨の時期に夜の港内からねらう。釣り人の間では「堤防GT」と呼ばれている。

エバ、GTとも、ボートと岸からの両方のアプローチがある。特にGTは、それぞれのアプローチごとに猛者がいる。

このように魚の成長段階ごとに釣りの表情が変わるが、トップウォーターがメインルアーというのは同じで、誘い方も仕組みも重なる部分が多い。

メッキからGTに辿り着くのも、釣り人のステップアップ・ストーリーとして面白い。

ルアーセレクト

幼魚は3～7㎝、若魚は12～16㎝、成魚は17～30㎝のポッパーやダイビングペンシル、ペンシルベイト。さらに幼魚は同サイズのミノーやクランクベイトも有効なほか、クロダイ用のジグヘッド＋ワームでもねらえる。エバやGTも表層に出ないときはシンキングペンシルやリップレスミノーが有効である。青ものと同じで、ボートも磯も同じプラグを使う。

⬅メインにトップウォータープラグ、フォローでミノーやシンキングペンシルを備えておく

⬆釣りにはクロダイ用ルアーがそのまま代用可能

基本タックル&基本釣法

ロッド：クロダイ用 or アジ・メバルロッド 7～9ft
リール：PE0.6号が150ｍ巻けるベイトリール
ライン：PE0.6号
リーダー：フロロカーボン2～2.5号

◉エバはヒラスズキロッドや小～中型青もののロッド9～10ft（ボートは短めに）、ラインはPE2～2.5号、リールはラインを300ｍ巻ける大きさ、リーダーはナイロン8～10号、成魚GTはPE6～8号を使うため、それに耐え得るロッドとリールになる。小型をねらうほどルアーアクションは細かく、速く、連続性が求められる。なかなか食わないときは少し沈めるのが有効。

⬆成魚用タックルは国内最強クラス。マグロと並ぶヘビー級のタフゲームだ

ステップアップ

メッキは明らかに小ものを華奢（きゃしゃ）なタックルで釣って小気味よく味わうのがオツだし、GTはそれなりに準備をしてかからないと痛い思いだけが残りやすい。その点エバはスピード、トルクともに油断できず、また誘い出しの点などでGT釣りを始める一歩として適役で、ボートなら比較的出会いやすい。

⬅河口域にもメッキのほかエバクラスも入ってくる

My Keyword

自分で発見した秘訣をメモしておこう

カサゴ

こんな魚

分布：全国／産卵期：春／ベストシーズン：周年／食性：雑食性が高い／釣法：ハードとソフトの双方のルアーで成立／釣り場：沖、岸（磯や堤防）

カサゴはこんな釣り

沖で釣っていてもオカッパリで釣っていても、砂地以外の場所なら、いや砂地でもテトラなど身を潜める障害物があればいる魚で、大きな口で小魚から甲殻類、虫類まで幅広く捕食する。可愛げのある顔つきと味のよさから、大きなものはみんな喜んでお土産にする。ベラやイラよりも人気がある。

釣法

ハード&ソフトルアー

専門でねらうなら沖も岸も小さめが妥当

3大要素

- 沖も岸も困ったときの切り札
- ボトムを小刻みに撃っていく
- しっかり重みが乗ってからフッキング

実は釣りのヒントの使者だったりする

外道で掛かることも多く、タックルはそのときの本命に合わせておけばよいが、岸でも沖でもヒットするので釣りの入門には適した魚だ。

専門にねらうなら、岸もボートも細いラインを使えるライトタックルで充分。

ただし、岩礁帯を好み、しかも岩礁帯の至近距離でヒットすることが多いため、リーダーはワンランク太めにしておくとよい。一例を挙げるなら、PE0・8号を使う場合で3号リーダーくらいだ。

日中も夜もねらえるので時間帯も気にしなくてよい。

釣り場の条件は、天然の岩礁帯のほか、漁港の敷石ブロックの隙間など、人工的な障害物でもよい。夜なら岸壁の壁に沿ったところもねらいめだ。

使えるルアーは多岐にわたる。したがって、カサゴの口の近くに根掛かりが少なく届けられるルアーは何かを考えればよい。それはルアーの釣りの仕組みを知るのにとても役に立つ。その点からも、入門者のターゲットとして好適といえる。

また、特に沖では本命が釣れる前にカサゴが釣れると、潮の動きの鈍さやルアーのミスマッチのサインと考えられるので、釣りを修正するヒントになる。

⬆カサゴは年中いつ食べても美味しく、調理法もさまざまある

⬆地磯でワームのジグヘッドリグにヒットした1尾。ハリ掛かりした直後のダッシュはなかなかなもの

⬆シンキンギペンシルにヒットした個体。ワームでの釣果のほか、メタルジグなどでもよく釣れる

⬆オフショアジギングのロングジグに果敢にアタックしてきた

ルアーセレクト

メバルやアジ用のジグ単及びメタルジグ、ハタ用ジグやハイブリッドリグ、シーバス用プラグ、オフショアで使う大型青もの向けメタルジグなど、食ってこないルアーのほうが少ない。それほどどんなルアーでも釣れる。岸から専門にねらうならルアーを根掛かりでなくしても痛くないワームや安いメタルジグでよい。メタルジグにワームを組み合わせるなど、自分なりの工夫が魚に通用するかを試すにもうってつけのターゲットだ。

基本タックル&基本釣法

ロッド：ライトゲームやシーバスやエギング用の6～8ft
リール：PE0.8号が150m巻けるリール
ライン：PE0.3～2号（気にせずリールに巻かれたもので可）
リーダー：フロロカーボン2～5号（PEに応じればよい）

◉底からなるべく離さないようにジャーク&フォール（リフト&フォール）で転々と探ればよい。ただし、ルアーにアクションを加えたあとのフォールはテンションを保ったほうがバイトに対応しやすい。フッキングが決まったあと根に潜られても恐れなくてよいが、その際は使用ラインの太さで引き出せるかラインブレークするかが決まる。ラインが太くても食ってくるので、専門にねらうなら太めで臨むのが吉。

➡タックルはメバル・アジ用のライトゲーム用で充分

独特の位置づけ

タイラバやインチクといった漁具にも盛んにヒットする。昔からルアーで釣れる魚として認識されていたものの、カサゴを専門とするルアージャンルはいまだに成立していない。だからといって嫌われているわけではなく、お裾分けしてもみんなが知る美味魚だ。大きいものは40㎝を超え、ウッカリカサゴと呼ばれる。

➡タイラバにもよくヒットする

My Keyword

自分で発見した秘訣をメモしておこう

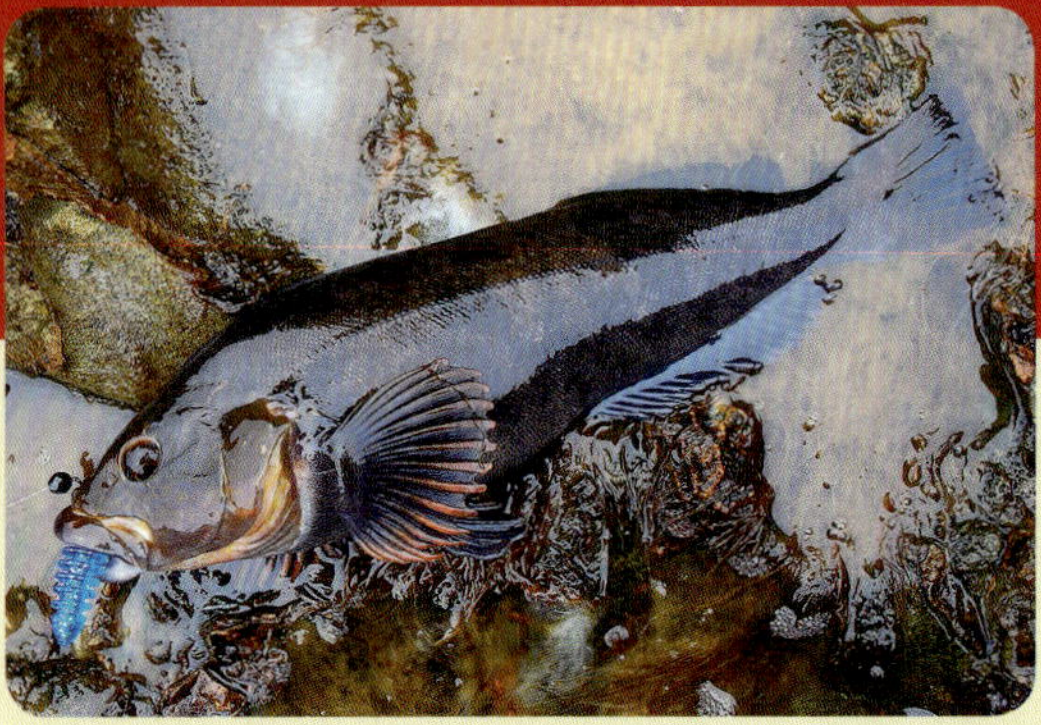

アイナメ

こんな魚

分布：北日本／産卵期：秋／ベストシーズン：初夏と初秋／食性：雑食性が高い／釣法：ソフトルアーを中心にハードルアーも成立／釣り場：岸（磯や堤防）、沿岸寄りの沖

アイナメはこんな釣り

ロックフィッシュでは北海道、東北の人気ナンバーワン魚種。理由はさまざまなワーム、リグ、プラグまで使えてアプローチの幅が広く、ときにエサの捕食傾向によって釣りづらくなるところがゲーム性を高めてくれること。またヒットしたときに見せるパワーとスピードのファイターぶりと、上品な身の味のよさも人気の元だ。

釣法

ソフトルアー

シーズン中いつでも使え、ショア、オフショア不問

3大要素

- サイズ大・強波動で攻めのスタート
- 回収までていねいに線で探るイメージ
- 赤色を基点としたカラーローテーション

すべてがかわいく思えてくる魚

ちょっと眠たそうな顔つきに愛嬌を感じるが、どっこい獰猛なファイター。5本の側線で鋭敏にエサや他者を察知する。

他者だった場合は侵入者と見なし、激しく追い払わねば気がすまない性分のようだ。それほど縄張り意識が強い。

さらに、成魚を中心に若魚や幼魚でヒエラルキーというべきか、コロニーのようなまとまりを作るといわれており、文化的一面を持つ魚と評されることもある。

広い縄張りを持つ習性は、釣りの観点から見ると、都合のよいことがいくつか出てくる。攻撃性を刺激してルアーにアタックさせられることと、広い縄張りの中で長く追わせて食いつかせる手法が取れることだ。

実際にアイナメは追いが長いのが特徴で、それを踏まえると水平の釣り、つまり巻く釣りが有効なアプローチになる。

ヒットがルアー回収直前の足元というケースもあり得るため、最後まで気を抜かないようにしたい。

また、北海道にはウサギアイナメという近似種がいて、これも人気魚種。スピードではアイナメが勝るものの、こちらは力強い割にバイトは小さい。大型は70㎝にも達するという。

⬆タックルはベイトとスピニングの双方適しており、優劣は甲乙つけがたい

⬆鮮やかな色、引きの強さ、筋肉質な身の味などいずれの点でも釣り人の心をつかんでいる

⬆アイナメ好みの水質はクリア。澄んだ潮のほうがヒットしやすい。濁っていたら、蛍光イエローやグリーン､パールホワイトといった膨張色のワームが効くといわれている

ルアーセレクト

リグはハタ類同様にテキサス、ジグヘッド、直リグ、ダウンショットなどさまざま使えるが、テキサスや直リグ、ジグヘッドの出番が多い。合わせるワームはハタ同様にカーリーテール、シャッド、ストレート、エビを模したクロー系の４大種類。雑食性の強さから特定のエサを偏食している可能性があるため、ヒットワーム、ヒットカラーが限られることもあると意識しておく。

基本タックル&基本釣法

ロッド：ロックフィッシュロッド７～9ft
リール：PE0.8～1.5号が200ｍ巻けるリール
ライン：PE0.8～1.5号
リーダー：フロロカーボン４～５号

◉ベイトロッド向きの魚だが、スピニングも多用される。ベイトにはPEではなくフロロカーボン３～５号を巻くのもよい。さらに、スピニングをライトタックルにしてベイトをハードアタック用にする手もある。その場合のスピニングにはPE0.8号前後を巻く。どちらを使うにせよ、アプローチはリフト&フォールとスイミングの２大メソッドで隈なく探る。ワームカラーは赤を基点に濃淡明暗を投入する。

➡ルアーのカラー、特にワームは赤を基本に水の色やエサを考慮して替えていくが、迷ったら赤やオレンジに戻って組み立て直す。その点ではタイラバにも通じる

⬅冷たい水を好むため、寒冷な地域に多い。寒冷地は海藻が豊かで、海藻をすり抜けるようなリグで釣るようにしたい

ステップアップ

アイナメの特徴の１つに追いの長さがある。たとえれば学校のプールの端から端までルアーを追いかける場合もある。従ってピンスポットから引き抜くことよりも、まずは線で探るイメージで釣っていくほうが効率はよい。足元までていねいに巻いてくるのが大切で、ルアーに追従していないかも要チェックだ。

⬅ねらいどおりにヒットさせ、最後は抜き上げて取り込む釣り人。アイナメは20ｍ以上もルアーを追いかけることがある

My Keyword

自分で発見した秘訣をメモしておこう

釣　法

ショアゲーム

仮説と検証、その作業にとてもやりがいがある

堤防も人工的な段差などがポイントになる。ただし、全体的な水深と水温の関係を意識しておきたい

➡大きな個体は50㎝以上にもなる

釣り場選び

深場が控えている浅場が安定している

アイナメはかつて九州の岸釣りでも釣れたものだが、「最近めっきり減った」と言われるようになって20年ほど経つ。代わりに温かい水温を好むアカハタがよく釣れるようになっているところを見れば、水温に敏感とされるアイナメが少なくなったのは無理もない気がする。つまり、水温はアイナメの居場所を変えさせる。これは、1週間、1日、数時間……という短期的周期でもあり得る。アイナメをねらう人もまた水温に敏感でありたい。条件が整いやすいのは深場が控えている浅場だ。

釣期の考え方

そこそこ長く楽しめる相手

アイナメは、真夏を除けば夏がねらいめ。しかし、そのほかのシーズンも釣れる。水温が上がり始める5月中旬から12月中旬まで岸釣りの射程圏内にいるが、高水温を保っていたところから下降に転じ始めると産卵への意識が強くなっていく。それが例年10月以降である。よって、シーズン終盤は産卵回復組をねらっていく。

⬆アイナメもエサの捕捉に側線を活かしているはずだが、視認によるアピールも大切。澄んだ水色がいいとされるのも、こんなところに理由があると思われる

⬅荒い岩礁帯を好むアイナメは海底の起伏を考慮すべきだ。ボトム一辺倒の攻めでは死角に入り、ルアーを見てもらえないことも大いにあり得る

定住の意味合い

アイナメがアジのような回遊魚ではないことは、はっきりしている。

同時に、岸のどこからでも釣れて、釣り場を選ばなくてもよい時期がとても短いこともはっきりしている。そんな好条件は1年に数日レベルのはずだ。

アイナメもまた産卵のため、あるいは好んで食うエサのため、さらには水温変動などの条件から、定位する場所をある程度のエリアの中で決めている。その限定区域の中を転々としている。時間帯によって変えているケースも多いはずだ。

人間のように特定の住処に居続けるのではないことはいうまでもない。もちろん人間も通学、出勤、買い物、食事と必要に応じて住処を離れて過ごす。

話題をアイナメに戻すと、こと岸からの釣りでは、釣りが成立する場所としない場所が分か

こんな世界もある

プラグを数本忍ばせておく

水温が上がりきらない初夏のうちならアイナメが浅瀬にいる場合もしばしばある。時期的にはそれほど長くないものの、ミノーで勝負できる季節だってあるのだ。ロックフィッシュであり、同時に雑食性の強いフィッシュイーターでもあるアイナメからすれば、浅瀬は素早く泳ぐベイトを水面に追い詰めて捕食するのに好都合なエサ場だ。底層までチェックできる深度のプラグ、たとえばバイブレーションやスピンテールのほか、シンキングタイプのミノーなども使い甲斐がある。ワームとはひと味違う釣趣もオツなものだ。

⬅アイナメは水深数メートルの浅場から150ｍあたりの深場まで生息し、水深の目安がブレることがある。だが、特に産卵期の前は浅場によく集中して、プラグでもねらえる数少ない好機が訪れる

夏枯れにご用心

夏は、秋の浅場での産卵に備えてエサをよく食うが、浅い一帯は水温が上昇しやすい。特に近年の夏の強い日差しは魚にとっても容赦がない。冷たい水を好むアイナメならば、なおさら敏感である。水温が上がりすぎるとアイナメは深いところに落ちてしまう。夏だから浅場にいると思うとまったく反応が得られず返り討ちに遭う。夏に一時的に姿を消してしまう、これが夏枯れだ。

釣力 UP のヒケツ

シンカーの考え方

シンカー（オモリ）はワーム使いの必需品。特にロックフィッシュの本場の東北や北海道ではあらゆる水深を釣る。そのときに、どんなシンカーを使うかで、釣りやすさや効率、誘いが変化する。ちょっとした工夫だが、よく釣る人は意識している。それは、シンカーの材質である。鉛、真鍮、タングステンの３素材がシンカーに使われている。鉛は安価で自分で叩いてちょっとした加工をくわえられる。真鍮は鉛よりも硬く、鉛よりも低比重ゆえ、底を丹念に叩いて誘うのに適している。タングステンは逆に最も高比重で、激流や深場に速やかに届けるのに適しており、若干高額である。金銭的なことはともかく、せっかく特性が異なっているのだから、使い分けたい。使用するワームにもそれぞれ抵抗の大小があるため、いろいろと組み合わせてみると面白い。ちなみに、アイナメに使用するワームの大きさは３～8in と幅広い。

⬆甲殻類を模したクロー系ワームにヒットした個体。クロー系ワームはホッグ系とも呼ばれる

れるのは、むしろ当然である。アイナメがその日、何に支配されて動きを決めるか。産卵行動か、産卵のための荒食いか、日が傾いて陰になり、水温が落ち着くことでそこにいれば回遊系のエサが入ってくるからか。あるいは日が当たったことで一画の水温が上がり、甲殻類の捕食が容易になるからなのか。

魚の行動にも理由がある。動く根拠を考えるのは、釣り場を絞る大きな助けだ。わからなければ、ひとつひとつ可能性をチェックしていく。

できれば釣行当日だけではなく、前後も推理に役立てたい。昨日、一昨日というつながりがあって当日がある。気象、水温、海藻の具合が無関係であるはずがない。そこに推理の楽しみを見つけるのがゲーム性だ。

限られたエリアのどこに本命がいるか。

どんなルアーを使うかは最後のツメに等しい。

釣　法

ボートゲーム

船の機動力が岸釣りの難問を即解決

岸釣りでは、習性的に釣り人の手が届きにくい場所に移動する時期が出てくる

⬆ボートではルアーの浮き上がりに注意。巻き中心に誘っていても定期的な底取りは必要である

➡アイナメは小魚が好き。小魚も定住性の強いチカやカジカと回遊性の高いコウナゴやサケの稚魚などさまざま。定住性が強いとリフト＆フォールを多用し、回遊性が高いと巻く釣りを多用する

⬅アイナメは、小魚、甲殻類、アワビやタコなど魚介類、魚卵、ひいてはワレカラやヨコエビまで食う。ベイトフィッシュなら横の釣りを中心にし、動きの鈍いエサならリフト＆フォールで探るのが正攻法だ

水平方向の意識

アイナメの細長い魚体を考えると水平の動きを取りやすく、エサは急浮上して食うよりも追って食うことのほうが多いと思われる。その点ではマゴチと共通点がある。高い位置からのアプローチばかりではなく、目の位置を合わせるように探ってくることも試すほうがよい。

⬆ワームの色は赤、オレンジ、茶、蛍光イエロー、グリーンのほか黒やイワシなども備えておきたい。備えておけば水の色、水深、光量に合わせやすくなる

解放

アイナメの岸釣りではよく水温が立ちはだかる。せっかく岸寄りに入っても高水温になると深い釣り場に後退したりする。すると往々にしてポイントまで遠くなる。それでも射程圏内だとなんとかできるが、それを超えると打つ手がない。ポイントはわかるのに届けられないという悩ましい事態に陥る。しかし、ボートなら悩むことはない。出船が許される海況ならば、シーズンオフもないに等しい。ボートは飛距離の悩みからもシーズンの呪縛からも解放してくれるのだ。

⬆ボートといっても岸の近くを流す場合が多く、いい眺めのなかで釣りができるところも魅力だ

ヘビーテキサス軸

ボートでは深いポイントを釣ることも多い。深いところでも確実に着底させるには重いオモリが必要。ところが、ジグヘッドで重いものはハリのサイズも大きくなり、軸も太くなる。小バリは使えない。そこで、オモリとハリが分割しているリグならば沈めるのに必要な重さに関係なくハリを自由に選べる。なおかつテキサスリグならば、コツコツと底を叩く釣りも泳がせる巻きの釣りも得意だ。特に沖ではヘビーテキサスを用意しておきたい。

今後に注目

アイナメがSLJ（スーパーライトジギング）のターゲットになる日も近い。特に深場に落ちたときがこの釣りの持ち味が発揮されるときだ。少し水深があるほうが向いているため、渋い時期の切り札になる可能性が高い。

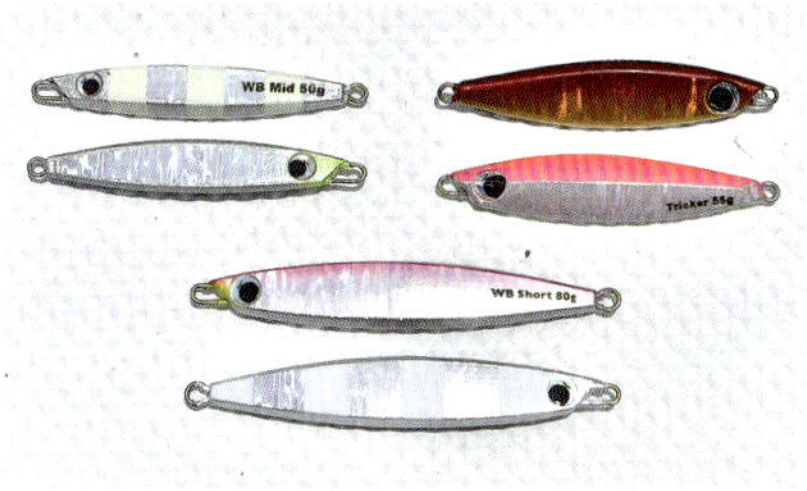

⬆いま最も熱気のある釣り、それがSLJだ。やがてアイナメ釣りにも広まってくるはずである

アトラクター……ブレード（回転板）、プロペラ、ラトルシンカー、ビーズ玉やガラス玉等を利用して、光の反射の明滅効果、回転波動、音など、ルアーに後付けするアピールアイテム。

⬆北海道や東北でサクラが開花する頃は、そろそろアイナメの好機か、というサインでもある

真夏のホットスポット

磯、堤防からの岸釣りでも良型は期待できる。ところが、シーズン中にお手上げの期間が出てくる。8月は釣果が落ちるだけでなく、釣り場歩き自体もつらい。それに比べて船は水深を自由に選べる。乗船しているだけで釣り場が変わる。道具もかなり積み込める。特に20～30mラインを探りやすいアイテムを充実させておくと潰しが利く。

ワーム使い

岸は飛距離重視だが、沖は飛距離重視ではない。そして、ボートに限った話ではないが、大きなワームや強い波動を出すワームから使っていくのが順当なルアー使いである。ブレードなどのアトラクターも積極的に使うとよい。

➡後付けのブレードを装着するのも有効

岸とは異なるベクトル

船は流れるもの。対して岸は動かず、しかも遠くが深くて近くは浅いと位置関係が決まっている。

アイナメを釣る遊漁船は、浅いエリアに入っていけるものが多い。そして、基本的にルアーを投げて探っていく。

その間も船は流れている。浅場に船が流れていくこともあれば、逆もある。

気をつけておきたいのは、深場に流れるときだ。

ルアーを投げてすぐよりも手前に近づいてきたほうが探る時間が必要だったりする。

特に、遠投しなくていいからと軽いルアーを使っていると手返しが悪くなり、場合によってはタナボケして釣りあぐねる。

船釣りでは、水深が変化することを念頭に置き、自分がどの深さを釣るか目星をつけておきたい。

の釣り場攻略法～

ただし、それで探ってもどうしてもロスが出る。そのため、起伏が激しいところでは、このキャストではここをチェック、次のキャストではここをチェックという具合に投げ分けて、軌道を変化させて探り分ける分担作業が不可欠だ。１回のキャストで線上にあるすべてのポイントをチェックできるわけではない。そして、やはり最初は地形把握がものをいう。これはムラソイやハタなどにもいえる。

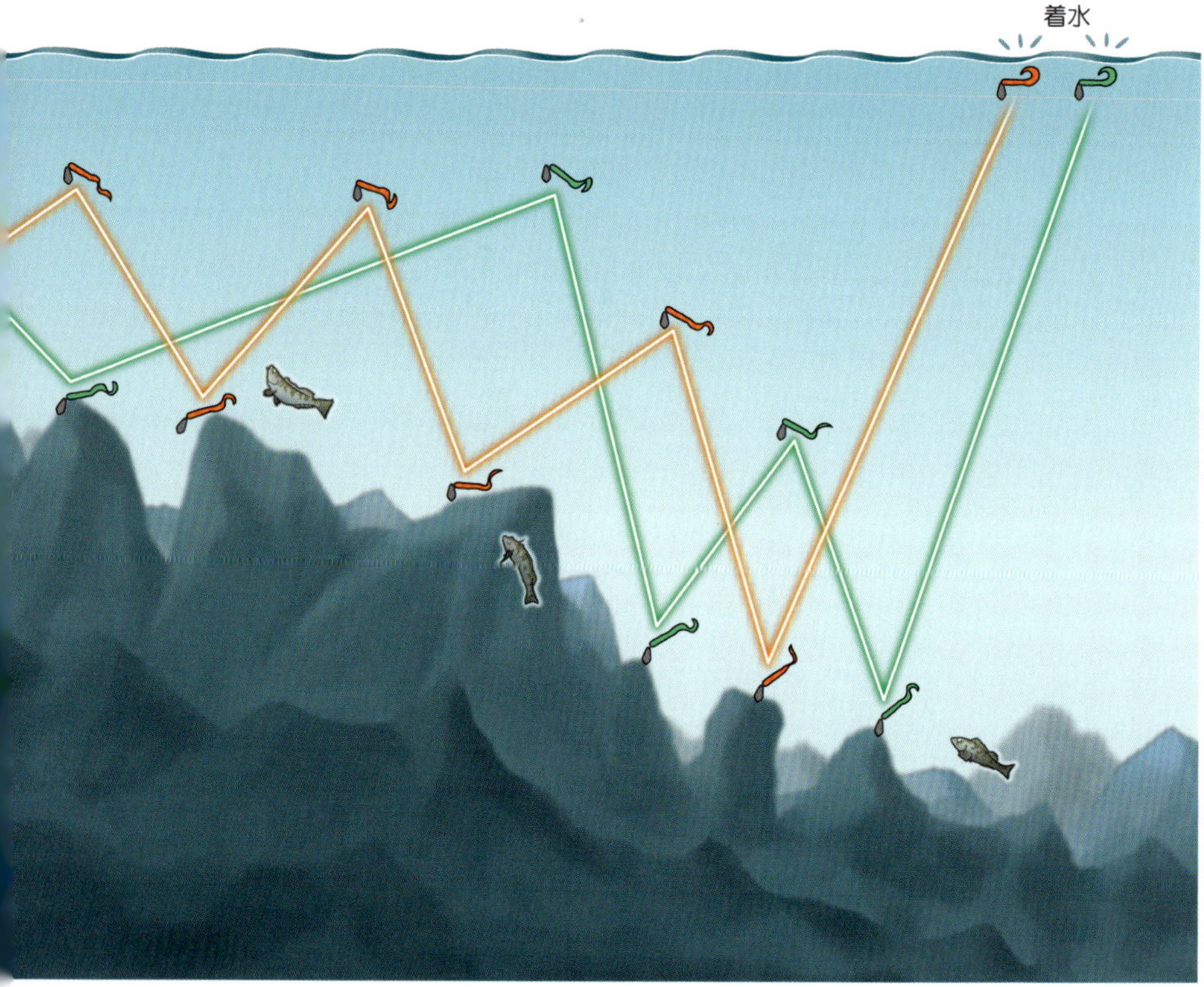

エキスパートの視点～起伏が激しい死角だらけ

リフト＆フォールの軌道を少しずつ変えるべき

高さとフォールの長さを変える。何もない平坦な磯は低いアクションでも高いアクションでも見やすい。起伏が激しいと高くないと見えづらい。低いアクションはよほど出会い頭でないと反応しにくい。かといって高く上げているだけだと距離感の問題で食ってこない可能性もある。起伏が激しいところは、高く上げて長く落としてみる。逆にいうと、落ちてくる動きを長く見せるためには高く上げる必要がある。足場が高いところや長いロッドが生きるのはそんなシチュエーションだ。

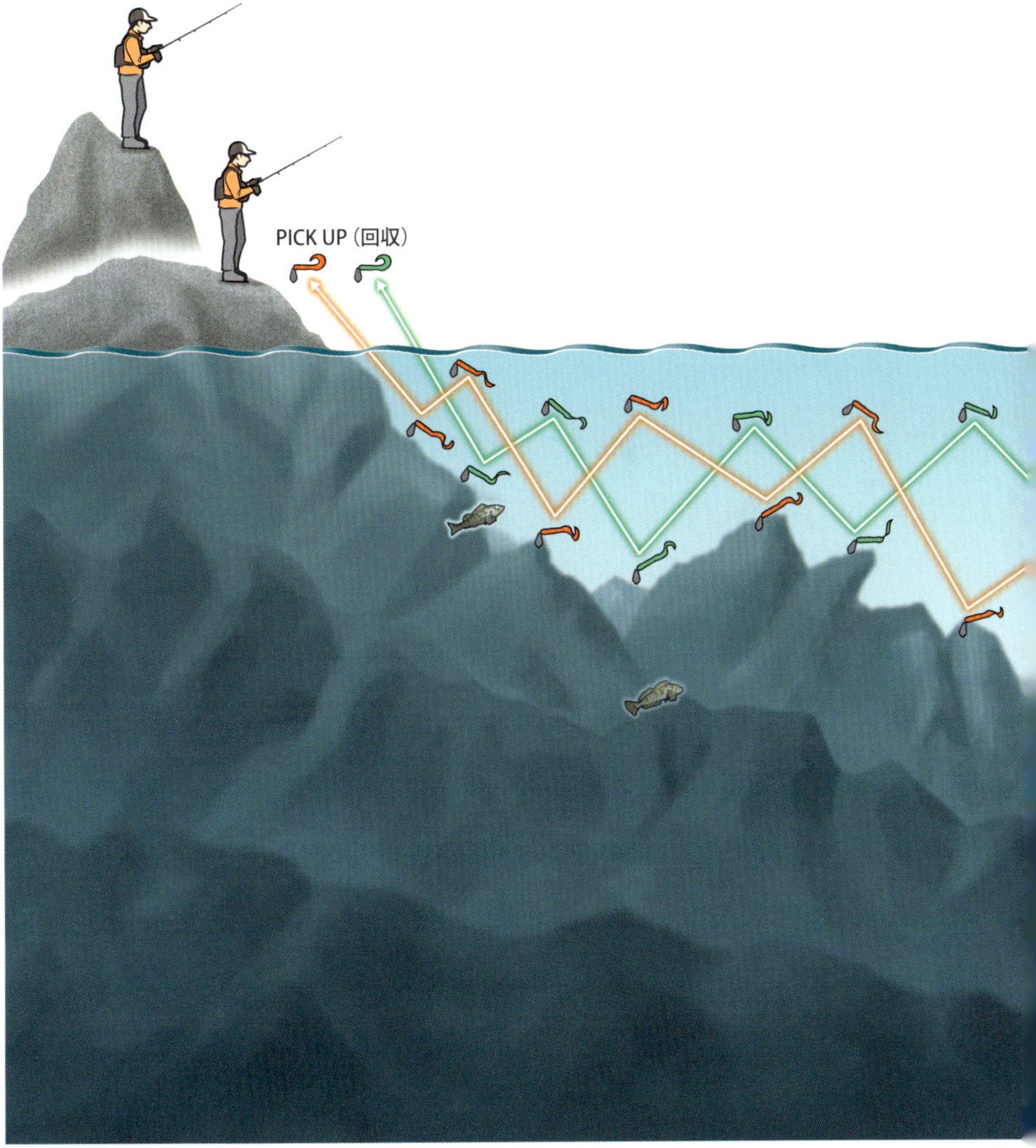

ソイ

クロソイ、ベッコウゾイ、ムラソイ etc 含む

こんな魚

分布：北日本中心／産卵期：初夏／ベストシーズン：春と夏／食性：雑食性が高い／釣法：ハードとソフトの双方のルアーで成立／釣り場：沖、岸（磯や堤防）

ソイはこんな釣り

ルアーへの反応がよく、北海道や東北では古くからゲームフィッシングの対象として浸透している。ソイにはさまざまな種類がおり、それぞれに個性があって一大ジャンルを形成しているところも人気の理由。食べても大変美味。岩礁帯の海底の穴を直撃するイメージで釣ってよい。

釣法

ソフト&ハードルアー

テキサスやジグヘッド中心にプラグで釣る動きも

3大要素

- ●しっかり飛ばして深場に届ける
- ●水深変化を段階分けして把握する
- ●ルアーのフォールを工夫する

それぞれのソイと釣りの大前提

ソイにはクロソイ、シマゾイ、ベッコウゾイ、マゾイ、ムラソイなどがいて、みなルアー釣りの対象魚。40㎝超の良型もよく釣れ、50㎝アップや中には70㎝に達する個体もいる。

ベッコウ、シマ、クロソイはパワーがあり、シマゾイとマゾイはより深いところを好む。

ソイは北海道から東北にかけて多く見られる。西日本や九州の釣り人にとってはなじみが薄い魚で、手の平大のムラソイやベッコウゾイを希に見る程度である。

総じて深場を好むソイだが、春～初夏になると浅場に差してきてシーズンになる。

海底から離れて浮くこともあるが、やはり底を丹念に探っていくほうがよい。

そして、ソイを釣るときに大切なのは、釣り場の水深を段階的に把握するところだ。

足場に近いところの最初の落ち込みを第1ブレーク、その沖にある次の落ち込みを第2ブレーク、次を第3ブレークと名づけて、変化を覚える。

頭の中で等高線を引くようにして、どこで段々と深くなっていっているか、イメージを持っておく。

往々にして第2ブレークや第3ブレークで反応する。

⬆ムラソイはゴロタや磯の浅場の隙間にルアーをダイレクトに入れて探るのが定番

基本タックル&基本釣法

ロッド：強めのロックフィッシュロッド 7～9ft
リール：PE0.6～2号が200m巻けるリール
ライン：PE0.6～2号
リーダー：フロロカーボン4～5号

◉タックルはスピニング、ベイトの双方使用可能。2本使うときはベイトを太仕掛け、スピニングを細仕掛けにして剛柔二極化に役割分担する傾向にある。スピニング1本だとPE1.2～2号で臨むのがベター。重めのルアーでしっかり飛ばし、深場に届け、底を釣るのが基本。春はリフト&フォールを多用し、夏は巻き中心のスイミングも有効だ。大型は中層に浮くこともある。

➡50gまで使える強いロッドで28g程度のルアーやオモリを使うことが多い

ステップアップ

根魚はすべてそうだが、フォールにはいろいろと工夫したい。特にソイは沈下のスピード、角度（軌道）、長さを変えることがヒットにつながる。深いところが釣り場になりやすいため、イトを張らずに沈下させることも多々ある。逆に、大きなワームなど水の抵抗を受けやすいものでゆっくり沈める手も効果的だ。

My Keyword

自分で発見した秘訣をメモしておこう

ルアーセレクト

ワームはカーリー、シャッド、ストレート、ホッグの4大タイプを用意し、テキサスリグやジグヘッドで探るのがオーソドックス。カタクチイワシなど回遊系の小魚がエサになっているときはバイブレーションやヘビーシンキングミノーなどのプラグもハマる。また、3本程度のワームをセットする群れリグも効く。

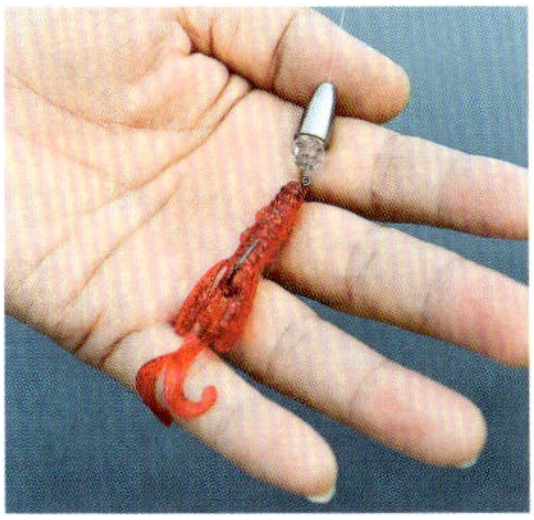

⬆テキサスリグはソイねらいの1つの柱

⬆丸呑みされたジグヘッドリグ。水平方向に引く釣りが得意だが、底を叩きながら探るときも適している

⬆これが群れリグ。エサが群れたようにして誘える。アピール度満点

⬆スプーンにワームを組み合わせたハイブリッドリグもよい

シロザケ
（カラフトマス含む）

こ　ん　な　魚

分布：主に北日本／産卵期：秋〜冬／ベストシーズン：夏と秋／食性：小魚、プランクトン、イカなど／釣法：主にハードルアーで成立／釣り場：岸（磯、サーフ、ゴロタ浜）、沖 ※注：河川内は釣り禁止（釣獲調査等を除く）。河口規制にも注意

シロザケはこんな釣り

シーズンを迎えると釣り場には大勢の釣り人がズラリと並ぶため、探れるのは自分の立ち位置の正面が中心になる。そのため、より沖に遠投できるほうが有利だが、遠投のためにルアーを重くしたのではサケの泳層から外れやすい。そこで登場したのがウキ（フロート）だ。ハリは装餌される場合も多い。

釣　法

フロートスプーン

3種の神器で層、アピール、食わせを決める

3大要素

- フロートとスプーンのバランスを調整する
- スプーンのサイズ、カラー、レンジ管理
- ルアー単体による沖攻略も選択肢に

二刀流で臨む

ルアーの飛距離、ルアーを引く層、ルアーを引くスピードの関係はバランスの取り方が悩ましい。

その点を解消してくれるアイテムがフロート（ウキ）だ。しかし、投げるときはウキ、スプーン、タコベイトがそれぞれ空気抵抗となるため、イト絡みしないように注意しなければならない。

目の前にサケが回ってくると自分を含めた周囲の釣り人のボルテージが急上昇する。焦りや余計な力が入り、急激にサオを振って投げたりと動作が雑になりやすい。そんなときこそ、サオに仕掛け全体の重みを乗せて飛ばしたい。

リールを握る手をしっかりと固め、外側に開かないようにすればブレずに投げられ、コントロール精度も上がる。

表層から上層を泳ぐシロザケに対する攻め方の基本はゆっくりとした巻きで、これにはサケ特有の「コツコツ」という小さなアタリが関係している。

コツコツというアタリに対し、釣り人は本アタリに変わるまで合わせるのを辛抱する。

こんなときは吸い込まれやすくするために、ハリとエサを小さくするのも一手であり、状況に応じて軽量ルアー単体による探りも試したい。

⬆シロザケねらいの定番ルアーはスプーン。30 ～ 50g が多用されるが、渋いと 5 ～ 15g を使う人もいる

⬆サケ釣りはフロートの併用が多い。その役割はルアーを引く層を保持するためだ

⬆スプーンにセットするハリはタコベイト付きが一般的

⬆スプーンは幅の広さや金属の厚みで動きや波動が変わる

ルアーセレクト

フロートの使用を前提としたスプーンだけで事足りるという人もいるが、10 ～ 25g もしくはもっと重い 30 ～ 60g のメタルジグやシンキングペンシルにタコベイトとエサを組み合わせて実績を上げる人もいる。また、5 ～ 15g のスプーン単体でねらう動きもある。スプーン単体は空気抵抗が格段に少なく、軽量でもポイントに届けるのは可能だ。その際は、多少軟らかめのロッドが重宝する。

待望の1尾。秋の到来を実感する北海道の釣り人

基本タックル&基本釣法

ロッド：サーモン専用ロッド 9 ～ 12ft
リール：PE1 号が 250 m巻けるリール
ライン：PE1.2 号
リーダー：フロロもしくはナイロン 6 ～ 7 号

◉スピニングタックルが適している。遠投したらゆっくりと等速で巻き取るが、スプーンとタコベイトが海中で揺らめくような速さを保ちたい。どんなルアー釣りでも、ルアー全体がクルクルと回転するのは歓迎しないが、スプーンとタコベイトのバランスによっては若干の回転はやむを得ず、ヨリモドシあるいはスナップ付きサルカンの使用が必須。人が少なければ左右広角に探りたい。

➡タックルは重すぎず、コントロールが決めやすいものを

ステップアップ

シケた日は、サーフやゴロタは釣りがしにくい。同時に魚も波が暴れやすい岸近くにはいづらく、沖に出るか居場所を変えることが多い。シケたときの移動先になるのが港湾部だ。サーフと違ってヒット層が縦に広がりやすく、天候や時間帯などの光量によっても上下しやすいため、幅広く探るように心がけたい。

My Keyword

自分で発見した秘訣をメモしておこう

銀ピカのシロザケを
沖でキャッチ

シロザケの大地・北海道

雄大な
浜と沖でねらう

ボートのメリット

ボートの魅力はなんといっても人ごみから解放されるところと、機動力の高さだ。さらに、サケ釣り最大のチャンスといわれる朝マヅメが去っても釣れる可能性が充分に残されている。飛距離に関しても岸釣りに比べて高いアドバンテージがあるため、ルアー選びの自由度が上がる。ちなみに沖でもフロートスプーンが一般的な仕掛けで、岸釣りで使っているものを使ってよい。強いていえばサオが少し短いとボートでの操作性が向上する。また、できれば２タックルを備えておき、残る１組をスプーン単体などフロートを介さないタイプにしておくと臨機応変に対応できる。ボートからルアーを投げて水平方向に探るアプローチは「跳ね撃ち」と呼ばれ、モジリ（水面での魚の動き）を見つけて群れをねらい、そのときは表層から上層の釣りになる。だが、沖では深いところに沈むケースもあるため、深場が探れるようにスプーン単体用は 30 ～ 60g までを用意しておくと幅広い層をスムーズにチェックできる。ちなみにフロートスプーンは深いところを釣るのが苦手である。

フロート仕掛けには固定式と遊動式があり、ルアーとウキの距離を決める固定式は浅い層、ルアーとウキの距離が変動する遊動式は深いところもチェックできるが、それでも目安は海面から４～５ｍまでの深さだ。それより深いところはルアー単体の主戦場ともいえる。もちろん、深い層をチェックするときはカウントダウンを忘れないようにしたい。色分けされた PE ラインを使うのもよい。ルアーのカラーは岸釣り同様に赤やピンクを中心にしつつ、渋いときのために黒、青、緑なども用意しておきたい。

⬆波紋の近くにヒレを出して泳ぐ２尾の魚がいる。ボートではこうしたモジリを見逃さないようにしたい

⬆早く寄せると手前にきて暴れ、ラインに角度がつくとちょっとした弾みでハリが外れやすくなるので、少し沖で体力を消耗させてから取り込むとよい。また、ゆっくり巻き寄せるとそれに群れがついてくることがある

⬅シロザケには銀化した通称「銀ピカ」と濃い婚姻色を帯びた「ブナ」があり、美味なのは前者

シロザケは
アイヌ語でカムイチェプ、
神の魚を意味する

アキアジの別名で親しまれる
北を代表する釣魚は、
秋に最盛期を迎える

カラフトマス

北海道ならではの
ターゲットは表層が重要

タックル

シロザケ用でも可能だが、理想はシロザケよりも若干ライトなものが理想的だ。ロッドはスピニングタイプで長さは 7ft 半ば～ 9ft、ラインは PE1 ～ 1.2 号、リールはラインを 250 m巻ける大きさ、リーダーはフロロもしくはナイロンの 4 号。軽いルアーの使用も多く、それを考慮すると細くて長いタックルを用意しておくとシビアなときに役立つ。そしてもう 1 組、重いルアーを遠くに飛ばすのに向いた強めのタックルがあるとよく、ヒラスズキ用でも代用可能だ。

⬆タックルは専用のほか、シロザケ用やヒラスズキ用でも可能

釣れないときの対策室

夜明けから早朝がゴールデンタイムだが、それだけに人で混雑する。よって考え方を変えて午後にねらう手もある。午後は朝と打って変わって釣り場は空いている。サーフやゴロタは人が身を隠せるものがないが、磯場なら渓流釣りのように我が身を悟られないように釣るのもよい。渋いときほど表層を丁寧に釣るほうがよく、ロッドを上向きに構えてラインを持ち上げ、ルアーを沈みにくくさせつつ、できるだけゆっくりと巻き取る。

砂浜でタックルを直置きにするのは自ら故障の原因を作っているに等しい。特にリールは砂を噛むと即オーバーホールに出したほうがよい

基本アプローチ

特に表層攻略が勝負の明暗を分ける。要点はルアーを引く層と引くスピードで、ここを強く意識しておけば決して難しい釣りではない。釣り始めはスプーンなどのルアー単体で表層から様子をうかがい、少しずつ層を下げていく。アタリが遠のいたら中層まで探りを入れるが、同時にフライ用のインジケーター+スプーンといった複合仕掛けも検討する。インジケーターはシロザケ釣りでいうフロートのような役割を果たし、ルアーを表層から上層にキープしつつゆっくりと引けるようにするためのアイテムで、フロートよりも小さい。早朝は岸寄りにいる場合も多く、人がいなければ岸と平行に近い角度で探るのが有効だ。もっとも、シロザケとカラフトマスは釣り人でごった返すため、マナーと安全を最優先させ、釣り場にいるみんなで釣りを楽しみたい。

カラフトマスの特性

国内では北海道に生息し、ベストシーズンはシロザケよりもやや早い夏。魚食性が高いのでルアー釣りの好ターゲットで、シロザケ、海アメマス、海サクラマスと並び、北の大地の至宝と呼ぶに値する。産卵は秋に淡水の湧き出る河川で行なうものの、母川回帰せず、2年で成熟することから「サケのなかで最も適応力のある魚」といわれている。昔は簡単に釣れてルアーはなんでもよかったが、現在はアプローチによって差が出る釣りになっている。釣り場はサーフ、ゴロタ、河口、港湾など。最大で70㎝アップまでねらえる。2年で成熟する関係から奇数年が表年といわれ、偶数年よりも釣果が上向く。特に根室、オホーツク海、知床など道東が有名だ。北海道はヒグマの生息地であり、食べ残しの放置などは厳禁で、最低限度のマナーである。

⬆カラフトマスはシロザケ、海アメマス、海サクラマスと並ぶ人気魚種

⬅インジケーターをセットして表層をゆっくりと巻く。なおかつラインを上に持ち上げてできる限り表層を保持する

⬇フライ用のインジケーターは視認性の高いものでよい

ルアーの構成

3～21gのスプーンや5～10gのスピナーを中心に、バイブレーションやシンキングタイプのリップレスミノーでも実績が上がっている。ちなみに以前は18g前後のスプーンで充分に釣れており、むしろその重さがスタンダードだった。現在は5～7gのひと口大のスプーンがよく使われるようになっている。いずれにしてもルアーは立ち上がりが早いもののほうがよい。カラーは赤やピンクを軸にして、スレたら黒系に替える。

⬆ルアーはスプーン中心の構成だが、軽量化の傾向にある

アオリイカ

こんな魚

分布：全国／産卵期：春／ベストシーズン：春と秋／食性：魚食性が高い／釣法：擬似餌は餌木で成立／釣り場：岸（堤防、磯、サーフ）、沖

アオリイカはこんな釣り

漁具である餌木を使った伝統漁法を釣りにリメークしたもので、古くから親しまれていた。当初は夜の釣りとされていたが、2000年代初頭に日中にも可能だとわかり、一気にジャンルとして拡大、成長した。それに伴って製品も大きく進化したが、餌木の使用とジャーク&フォールのメソッドは不変である。

釣　法

エギング

日本中に一大ムーブメントを巻き起こしたゲーム

3大要素

- ●ダートとフォールは一対の関係
- ●釣り場選びは時間帯と上げ下げで決定
- ●ツメは餌木のカラーとシルエット合わせ

簡単で奥が深い、魅力てんこ盛り

アオリイカ釣りは道具立てがシンプルで、準備に手間がかからず、すぐに始められる。釣りの仕組みもわかりやすく、操作法も簡単。納竿後も道具をすぐに仕舞える。

使用する擬似餌も、餌木という種類の中に大小やいくつかのタイプがあるだけなので、他のルアー釣りのように形も操作法も異なるルアーの中で迷うこともない。

このように気軽に誰でも入門しやすく、しかも始めた初日に釣れる可能性もほかのターゲットに比べてかなり高い。

釣り場も近場の堤防や岸壁など、足場がよくて車の横づけも可能なところで充分に釣れる。日中に釣れるし、夜にも釣れる。

四季でみると、好機は春と秋だが、夏や冬でも沿岸から姿を消すわけではないので岸からねらうことが可能。おまけにその時期はライバルも少なくなることから、夏と冬に好んで釣行する人も多い。ただし夏と冬は釣り場や操作法が限定的になる。

掛かったあとの独特の引きもクセになる。取り込みは、大ものを別にすれば吐き出すスミに注意するくらいで、あとは捌くのも楽。調理法も多く冷凍保存も利く。この釣りをしない理由が見当たらない好敵手だ。

⬆餌木を揃えるときは下地のタイプを満遍なく。イカは視力がよく、餌木の色を濃淡で捕捉しているといわれるため、いろいろあるほうが細かく応じられる

⬅秋は上の3号を中心に、2.5号も多用する。春は3.5号を中心に4号や4.5号もしくは3号を使う場合が多い

餌木セレクト

ノーマルタイプを中心に構成してよいが、春は3.5号、秋は3号が主軸になる。まずは下地の違いでバリエーションの死角をなくしておきたい。金、赤、銀、スケルトン（透過）、夜光、ケイムラ、マーブル、さまざまな要素が複合されたノンカテゴリーともいうべきタイプがある。ノンカテゴリーは地場産品的なご当地餌木に多い。これに布地の濃淡、浅場用、深場用を揃えておくと万全だ。

基本タックル&基本釣法

ロッド：エギングロッド7～9ft
リール：PE0.6号が200m巻けるリール
ライン：PE0.5～0.8号
リーダー：フロロカーボン1.7～2.5号

◉ベイトタックルも市販されているが、強いこだわりがなければスピニングタックルで問題ない。釣りの基本構造は、投げる、着底させる、シャクり上げたら沈下させ、ふたたび着底したらシャクり上げて沈下を繰り返すが、シャクり方、沈下方法、着底後に置く間の取り方などをさまざま工夫する。また、そもそもどんな釣り場にどのタイミングで行くか、どこに投げるかという見立ても必要。

➡地磯を釣り歩くヒラスズキほどではないが、1本のタックルで釣り歩くほうが機動力は上がる

ステップアップ

イカの掛かりどころからもイカがいる層や活性を推測することができる。触腕の先端にぎりぎり掛かっている場合は、低活性もしくは餌木の大きさや色がまだぴったり合っていない可能性がある。眉間の上に掛かっていたりすると、イカが下層にいて、下から突き上げてきたことがわかる。

⬅早春の朝に気持ちよいサオの曲がりの引きをとらえた釣り人

My Keyword

自分で発見した秘訣をメモしておこう

ジャークのスピード

スピードは強弱とも言い換えられる。あまり激しくやりすぎると、かえってイカが後ずさりすることがある。威嚇と理解し、イカも警戒するのだ。もっとやすやすと食えるエサのほうがいいとターゲットを切り替える可能性も捨てきれない。よって、あまり激しいジャークではなく、軽くシャクるだけでよい。ロッド、腕や手首にかかる負担も変わる。ただし、ここが難しいところだが、ロッドを鋭く動かすとかえって海中の餌木は動きを最小限度にとどめるケースがある。要はだるま落としやテーブルクロス引きの要領だ。それができれば鋭いジャークもテクニカルな攻め技になる。

⬅跳ね上げたら必ず沈めて抱かせようとする。それがエギングだ。ジャーク以上にフォールを大切にしたい

春と秋の基本戦略

春は高さを抑えたジャークで移動距離を短めにし、着底後は次のジャークに移るのが基本だが、それでなかなか反応しないときは、真逆の攻め、つまり高くシャクり上げたあと、長いフォールで様子をみるとハマることがある。特に、曇天や雨天で海面がシケ気味だと海中のイカは活性が上がるのか、長いフォールにいい反応を見せることがある。

⬆1パイのイカに追尾するイカが見えたら、ためらわずに投入してみるとよい。案外すぐにダブルヒットとなるかもしれない

ジャーク&フォール&ステイ

すべてはイカを引き付けるために

ジャークの高さ

ジャークの役割はフォールを可能にさせるためだが、そのほかにもイカに餌木の存在を知らせるためもある。高くジャークすればするほど長いフォールが可能だが、活性の低いイカや警戒心の強い個体からすれば、せっかく餌木が近くにいたのに、それが離れてしまうと興味を失うことが考えられる。一方、低いジャークで抑えれば興味を持続させられるが、それらのイカだけを相手にすることになる。よって、釣り始めは遠くにいるイカに発見してもらい、高活性のイカに近づいてもらうため、高さのあるジャークを多用し、その後、抑え気味にして、フォールのためのジャークに切り替えればよい。

⬅エギングでもジャークの基本はワンピッチジャーク

着底後の間

着底したら次のジャークに移行してよいが、少し放置する手もある。この放置をステイとかポーズという。長い人は「タバコを1本吸い終えるまで」という人もいるほどだ。さっきまで動いていた餌木がフォールして着底したあと、まったく動かないとイカは逆に生物と考えるようだ。特に、流れがある状態では、藻くずやゴミなら流されてよいが、動かないとエサと判断するようだ。かくして、しばらく経ったあとに上からそっと被さってくるケースもある。よってしばらくステイさせたあとは、次にイトを張り、サオ先でイカが乗っていないかを確かめてから次のジャークに移るとよい。

フォール手法

　跳ね上げた餌木は、重力によって沈下する。イトを張った状態で沈めるのをテンションフォールといい、イトを張らずに、むしろイトを出してでもフォールさせるのをフリーフォールという。フリーフォールのほうが移動距離は短く抑えられる。しかし、フォール中にイカが餌木を触るなど、ちょっとした変化に気づきやすいのはテンションフォールである。

　達者な人でも、テンションフォールを基本にするというほどだから、慣れるまではそれにならうのがよいかと思う。ちなみに、イトを張った状態を保ちつつサオの向きを加減して一定層を引くのを水平フォールといい、根が荒いところや藻場などで有効だが、イトを張りすぎて餌木の頭が上を向くと釣れないといわれている。これをヘッドアップという。海には流れがあり、流れに乗せながらゆっくり高度を下げていくのをドリフトと呼び、潮の速さによって餌木の姿勢は変わるため、イトの張り加減を考慮したほうがよい。

⬆季節の変わり目は1日のうちでチャンスが短時間しかないこともある。それは往々にして夕方の一時だ。水温がいつまでも高いと反応は鈍く、小型が多くなる

ジャークの幅

　幅はストライドとも言い換えられる。要は移動距離だ。最初の着底地点からジャーク&フォールで再着底したときに、どのくらい動いているかである。餌木を回収するまでできるだけ高く、何度もフォールと着底を繰り返したほうが抱きのきっかけ作りとしては多くの可能性を秘める。しかし、高さのあるジャークとストライドは裏腹な関係で、高く上げると移動距離は長くなる。そこで、イトフケを出したジャークをやる。こうすると割に高く上がるのにストライドが短い。これをスラックジャークといい、有効なジャークである。

⬆最近は海中で微波動を出す足を持った餌木もある

⬆餌木にも左右ジグザグのダートが得意なタイプと、跳ね上がるのが得意なジャンプタイプとがある。使用は好みで決めてよいが、沈下姿勢が安定したものがよい。また、ジャーク後にフラつかないものがよい

抱くのはあくまでフォール

　ルアーや餌木の沈下、フォールという動きはいろいろな魚の捕食のスイッチを入れる。

　人間でも、机から物が落ちるとき、とっさにキャッチしようとする。そんな衝動を引き出すのがフォールかもしれない。

　エギングでもフォールはイカを抱かせるツメの動きだ。フォールの動きを取らせるには、餌木が海底よりも高い位置になければならない。

　エギングは着底から釣りがスタートする。着底に続いて行なうジャークは、フォールさせるための前段の動き、わかりやすくいえば前座の役割で、真打ちはやはりフォールなのだ。

　フォールでイカが餌木に接近し、そのまま抱いてくれればよいが、わずかな警戒心を持っている場合があり、着底後のステイはそのフォローなのである。

夜

夜はいつの時期も釣れる可能性が上がる。元来、エギングは夜に行なわれ、エギング＝夜釣りというのが常識だった時代のほうが長いくらいだ。視覚情報が減る夜だからこそイカの武器である目のよさが発揮され、その結果、活性が高い場合が多い。春の夜は、日中に見ると驚くような浅場に入ってせっせと捕食に励んでいる。産卵を控えているためだ。このように夜は浅いところ、湾奥や漁港の港内にまで入りやすい。

←とっぷりと日が暮れた時間帯に出た1パイ。朝からずっと追い続け、日没後の短時間に集中してパタパタと釣れるパターンもある

ワンド内と出口

干満の違いによる動きに照らし合わせれば、イカがワンド内に入るのは上げ潮であり、下げ潮では外に出る。そして、ふたたび上げ潮になると出口から内側へ入る。だが、この動きに変化をつけるのが夜と日中だ。夜ならばワンド内の浅いところも可能性がある。同様に、日中ならある程度水深のあるワンドの出口付近で、それが上げ潮の時間帯だとさらに期待できる。あくまで大きな動きを想定し、それに基づいて行動しながら、少しずつその日の条件に合わせていく。その指針になるものがあるかないかの違いが大きい。あれば、自分の行動に根拠が芽生え、場当たり的な行動を減らせる。

↓抜群のロケーション。こうした場所で釣れたら最高の気分になる。いつでも釣れそうだが、どんな場所にもタイミングがある

時間帯と干満を重ねて考える

ラン&ガンという釣り場選びのマネジメント

日中

日中は潮に乗って移動する傾向が高い。夜の大胆さから一転、下層から底層を中心にしつつ、干満の動きに応じて寄りつく場所を変えてエサを求める。潮位が高くなる上げ潮では沖のほうから岸寄りに入るため、漁港の先端、中間部、付け根という具合にポジションを変え、港内の奥にも入っていたりする。多くの人は漁港の先端を目差すが、タイミングによっては港内の付け根のほうが熱い場合もある。テンションフォールよりもフリーフォールのほうがバイトを取りやすいのも日中の特徴の1つだ。

↑干満、上げ下げを考えながら行動したい。そのとき活性を上げたアオリイカがどこにいるかを推測する

→日中のエギングが当たり前になったのは、こうして釣れるからであり、いろいろなものが見えて楽しいからである

干満

大きな基本として、イカは上げ潮で岸寄りに差し、下げ潮で沖に出ていく。言い換えれば、潮位が上がることで、それまで水が少なくて浅かったところが釣り場になり、イカにしてみればエサ場になる。その逆は浅くなることで居場所がなくなるため、深いところへ移らざるを得ない。活発にエサを捕食したあと意気揚々と深いところへ戻るとも考えられる。もっとも、アオリイカはかなりの大食漢で、しょっちゅうエサを食う。だからこそすぐに大きくなる。釣り人が気にしておきたいのは、なかにはこうした大きな動きとは異なるタイプがいるということだ。いわゆる居残り組と呼ばれるやつだ。干潮時でも近くにいる個体や最干潮からの上げ始めにすぐに浅場にいる個体などだ。

⬆最干潮時の奥まった地形にある港。上げ始めた直後にいち早く大型が入ったりする

➡藻場は春のキーワードだが、秋も小魚を集めるため重要である

マヅメ

アオリイカの漁師さんが出漁する光景をよく見るのが夕マヅメだ。このようにマヅメはアオリイカの活性が最高潮に達する最高のチャンスタイムである。ストライクゾーンが広くなるので、餌木の大きさ、動き、色ともに日中ほど神経質にならなくてよい。また、別記しているとおり、マヅメに潮の状態、潮位がどうなのかは必ず確認しておきたい。

⬆秋の夕マヅメの漁港の出入り口。このスミ跡からもかなり実績が上がっていることがうかがえ、実際にこのあと1パイ出た。ただし、スミ跡を見て安心するのではなく、それがいつの時間帯に出ているのかも気にしたい

⬆着底後にシャクり始めるのが基本だが、中層に浮きやすい秋は、着水後のフォールに続いてジャークを交えてもよい

餌木の色

準備のときに下地にバリエーションを持たせ、死角のない布陣で臨むのは、違いの出るローテーションを行なうためである。色替えの基本は、濃淡を徐々に下げていく方法だ。例示すると金、赤や銀、透過という具合になる。低活性には赤、低光量時や深場は金やケイムラ、真っ昼間は銀や透過というのは多くの人が実績から築いた的中しやすいカラーだ。一方、暗いときは夜光、外灯周りなら夜もケイムラなど。マーブルはさまざまな色が交ざっているため、オールマイティーともいわれるがどちらかといえばアピール系である。カラーも適当に変えると自ら混乱を招きかねないため、系統立てるのが理想だ。金下地を使い始めたら次に変えるのは同じ金下地で違う布地カラーにし、それがだめなら異なる下地にするが、その際は布地のカラーを残す。色替えはリレーのバトンのように何か1つ共通項を残しておくことで関連性が出る。

⬆ケースのうまい使い方は、高活性時用と低活性時用、日中用と夜間用といったように、役割分担させると釣っていて整理しやすい

釣　法

ティップラン&ボートエギング

似て非なる2つの洋上アプローチ

⬆アタリ？ と思ったら合わせてよい。乗り損ねたら、即座にロッドを震わせるように動かして餌木を小刻みに動かしたあと、ピタッと止めて誘い直す。こうするとまた抱いてくるケースがある

基本メソッド

ティップランの釣り場の水深は15～45ｍと幅がある。シーズンも水温が下がって岸釣りが厳しくなる晩秋～早春が最盛期だ。ティップランの基本は別記したとおり水平に引くこと。なかには餌木を海底の起伏に沿って引くのではないかと迷う人もいるようだ。確かに、伝馬船に１人で乗ってイカを獲る漁師さんは海底の起伏に応じて餌木の高さを調整し、底の高低に合わせていく。しかし、ボートに複数人が乗って釣るティップランでは、それをやるとオマツリしやすくなる。そこまでシビアに高さをコントロールしなくてもイカは抱いてくる。アタリに対しては即アワセでよい。

地形はさまざま

ティップランを行なう釣り場の海底はさまざま。起伏に富んだ荒く尖った岩礁帯、なだらかな傾斜地、勾配のきついカケアガリや、岩礁帯でも引っ掛かりにくいところ、藻場などもある。どの地形、どの底質でも着底がスタートで、着底後にいつまでも放置していると根掛かりを招きやすいので注意したい。

⬆早春のティップランで矢継ぎ早に釣れた良型

⬆シャクリは連続したワンピッチジャークでよい

釣りもまた進化が続く

紀州の尾鷲が発祥のボートエギングメソッドは、２０１０年の秋冬頃から全国に広まった。エギングはフォール中に食わせるものという観念に縛られず、水平に引っ張って深場に群れた良型を矢継ぎ早に掛ける仕組みはセンセーショナルだった。シンプルに真っすぐ引くメソッドだからこそ、各地に受け入れられたといえる。

着底からのスタートは通常のエギングと同じである。そのあとシャクり上げるのも同じだが、ジャークは餌木の位置を上に持っていくための手段という感じで、そのあとはフォールさせずに水平に引っ張って横に探っていく。

この釣りで唯一慣れを要するのは、釣法名にもなっている穂先＝ティップでアタリを取るところだ。

穂先が走るようなさまになぞ

使用する餌木

餌木はティップラン専用の3～3.5号、重さにして25～50g。さらに、頭部に着脱が可能なマスクシンカーを5～20g用意しておくとよい。カラーは自分の好みで決めてよいが、岸釣りの要領で使いわけてもよいし、船長に聞くのもとても意義がある。エリアによっては「この餌木・重さ・カラー」が抜群に釣れるというご当地マスト餌木が存在する。当然、現地の釣具店では売り切れていると思ったほうがよいため、事前に準備してから釣行するのが好ましい。

⬆それまではシャクリシンカーやアオリイカ中間オモリといった沈めるためのオモリを使って深場を攻めていたが、それを介さずにシンプルな仕掛けで釣るところも受け入れられた

➡3～3.5号のティップラン用の餌木がよい

⬆穂先の動きに細心の注意を払いたい

タックル

ティップランタックルは穂先の感度が問われるゆえ、専用ロッドが好ましい。代用するなら、ひとつテンヤロッドもしくは硬めのイカメタルロッドや軽めのタチウオロッドなど、全体的に張りが強く、穂先だけが入りやすいツンとしたロッドが候補だ。長さは6ft前半から後半、ラインはPE0.5～0.6号、リールはそれを200m巻ける大きさ、リーダーはフロロ2～2.5号。ベイトタックルもあるが、スピニングでおおよそカバーできる。ベイトは深場で重い餌木を操作するときにやりやすい。

⬆ロッドは専用が断然有利だ

らえてついたネーミングどおり、穂先を注視していなければアタリに気づかない場合がある。

イカが餌木に上から乗れば穂先は下に引き込まれ、大きなアタリとなるはずだが、多くのケースは、イカが下から餌木を突き上げる。

その理由は、周辺にいるイカからよく見えるように、餌木をイカよりも高い位置で引くところにある。

この繊細さはバーチカルコンタクトアジングと同種のもので、わかれば快感になる。

一方、ボートエギングは岸釣りと同じメソッドを沖でやるもので、足場がないところにボートで出る感覚である。

シーズンは岸からのエギングと同じでティップと異なり、水深も10mまでが多く、ティップランよりも浅い。

岸と正反対のベクトルで探るため、手前に寄るほど着底に時間がかかるところが注意点だ。

ある傾向

イカには回遊する場所と居着く場所がある。岸釣りでも居着きの個体をねらう釣り場と回遊組をねらって辛抱強く時合を待つ釣り場もある。沖にも同様のことがいえる。回遊する場所としばらく居着く場所があるのだ。地形やエサの量、潮流などが関係していると思われるが、こうした場所の違いがヒットの傾向にも表われる。餌木を高く位置させてロングフォールで抱いてくるイカが多いところは居着きの場所、逆に、低めのジャークで短いフォールでも割に早い反応を見せるところは回遊組が多い場所であることが多い。これがわかると釣りの効率はもっと向上する。さらに、岸釣りにも応用する価値がある。

⬆たくましい触腕の良型のオス

タックル

ボート釣りはおしなべて短いロッドを使うが、釣りの要領は、ボートエギングとはいえ岸釣りと同じ。さらに、水面が近いため餌木を動かすためのジャークの幅が狭くなりがちだ。よって、高いジャークを入れたいときは短いロッドよりも長いほうが幅を出しやすい。岸釣りで使っているエギングロッドもしくはさらに長いロッドでもやりやすい。

⬇ボートは水面までの距離が近く、目線も低いため、イカのスミ噴射には要注意

意外に３号や2.5号も

水深にもよるが、抱きが悪いときは餌木を小さくするのも有効だ。ただし、手前（ボート側）のほうが深く、岸から離れた沖は流れが速いことも多い。そんなシチュエーションでは小さい餌木は姿勢が安定しにくく、ヘッドアップしやすくなる。それでも大きい餌木に反応しないときは、３号や2.5号にし、さらにリーダーを長くしたり、太くしたりして潮なじみをよくして安定させるようにするとよい。

魅力

岸のエギングはとかくライバルが多い。イカの資源保護や釣り場のマナーの悪化などから禁漁期間が設けられたり、釣りが禁止される場所も増え、オカッパリエギンガーにとっては受難の時代である。かくして釣りができる実績ポイントは人が集中する。そんな岸の現状と異なる世界が沖だ。沖は混雑知らず。ボートでフレッシュな場所を心おきなく釣れる。水深は深くても10ｍ強のエリアが多く、５～８ｍでよい反応が出る場合が多い。もっと深い場所にもいるはずだが、深いと探るのに時間がかかり、手返し効率が悪い。岸のエギングと同時期なのでイカが位置する水深も岸にならってよい。カヤックやゴムボート、マイボートを持っていれば、自分で釣り場を探すことだって可能だ。

⬆ボートエギングで良型を出した餌木メーカーのスタッフ

ルアーフィッシング
の
予備知識

よくある質問
etc.

～抱きがちな疑問とそれに対する考え方～

よくある質問 etc. 01

トレブルフックとシングルフックの違い

ハリ先が3本あるイカリ状のものをトレブルフックまたはトリプルフックと呼ぶ。ハリ先が1本のものはシングルフック、単に素バリと呼ぶ。

トレブルフックのハリ先が魚体とコンタクトする確率はシングルフックの3倍ある。いうまでもなく、ハリ先が多いほど掛かる確率は高い。

これに対してシングルフックは掛かり方のよさが特徴だ。ハリ先は1本ながら、魚からの吸い込みに対してハリ先が魚のほうに向きやすく、貫通すればしっかりと魚を保持する。アワセの力も1点のハリ先にかかり、魚が反転しただけでも深く刺さっていこうとする。

トレブルフックは、ハリ先が多いゆえに多点に掛かろうとして力が分散したり、すぐに外れやすいところに先に掛かるなど、掛かったはよいが、魚の抵抗次第で外れてしまうこともある。

掛かる、掛けることを優先する釣りはトレブルフック向きで、巻き続ける中でヒットすることが多い釣りや歯を持って噛みついてくる魚に対して有効だ。

たとえば、タチウオはハリ先がトレブルフックよりもさらに1本多い4本バリもよく使われる。アオリイカを釣る餌木の笠バリにいたっては掛けることに特化したハリ先とハリ形状になっている。

他方、シングルフックは当たってもバレやすい釣り方やイトにたるみを作って誘う釣り、タラシを長くしたほうが掛かりやすい釣りに向いている。ヒラマサのトップゲームやメタルジグのジギングなどがそれに当たる。

このようにハリは、掛ける確率、掛かる確率、掛かり方によって使い分け、種類分けされる。

ほかにも着眼点がある。重さと大きさの調整だ。

同程度の大きさなら重量はシングルフックのほうが軽いため、トレブルフックを大きくするとハリの重さが過ぎる場合にシングルフックにして太く頑丈なハリを装着できる。

最後に、ハリ先が2本のダブルフックもある。底をズルズルと引いて誘うと当然根掛かりしやすく、それを避けるために使われる。ダブルフックのハリ先は必然的に上に向くからだ。

⬆トレブルフック。プラグにセットされる場合が多い。プラグにフックが3ヵ所搭載されるタイプもトリプルフック仕様と呼ばれ、紛らわしい。3ヵ所搭載されるタイプは3ハンガーと呼べば区別がつく

⬆シングルフックの強みはハリ先が1本であるがゆえの貫通してからの確実さと動きの自由度の高さ

⬇食い損ねも多いトップウォータープラグにシングルフックが装着され、水面下に沈める小さなルアーにはトレブルフックが装着された青もの用プラグ

よくある質問 etc. 02

餌木、スッテ、タコ餌木を使い終えたら

餌木、ケンサキイカなどに使うスッテ、一部のタコ餌木は、笠バリと呼ぶ特殊な形状のハリを持つ。

当然、使ったら真水で洗い、潮抜きをしたほうがよい。このときに、そのまま置いて乾かしてもよいが、笠バリはカエシがなく、すぐに引っ掛かる割には手で簡単に外すこともできる。よって、乾かすときはハンガーにタオルを掛け、そこに引っ掛けて吊るすと簡単だし、場所も取らない。

洗濯物のように、風通しのよい場所でもの干しザオに掛けて乾かせば、あっという間に乾く。直置きにして乾かすと片方の餌木の羽根が寝グセの頭髪のように妙な方向に向いてしまう心配もなく、オススメである。

カエシがあるハリだとこうはできないし、カエシを潰したシングルフック（バーブレスフック）でも、笠バリほど気軽にポンポン引っ掛けいくことはできない。

笠バリだからこその干し方といえる。

⬆笠バリのルアーはこのようにタオルに引っ掛けて干すとよい

⬅独特のハリ形状をもつ餌木、スッテ

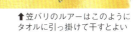

よくある質問 etc. 03

ソリッドとチューブラーの違いがわからない

　ソリッドもチューブラーもサオの穂先の種別のことで、穂先はロッドティップと呼ばれる。そのタイプがソリッドティップか、チューブラーティップに分かれている。

　ソリッドは英語で「固体の」や「固形の」という意味で、ロッドの穂先内部が素材で詰まっている状態を差す。

　チューブラーも英語の「筒状の」という言葉に由来する。こちらは文字どおり穂先が筒状、空洞になっている状態を差す。

　筒状にして穂先を仕上げるには細さに限界があり、ルアーザオ以上に繊細な穂先が用いられる磯ザオやアユザオでは細くて0・8㎜である。こうすることで得られるのは抜群の感度だ。今、エサに触った、エサがなくなった、流れが変わった。そんなところまでわかる。

　ルアーザオでもチューブラーなら性質は同じである。つまり、反響しやすく情報が多い。見方を変えると反発力が高く、相手にも伝わりやすい。そのため、当たったら即合わせる釣り、アタリに対して積極的に掛けていく釣りに向いている。そのため「掛け調子」とも呼ばれる。

　これに対してソリッドティップは中身が詰まっている関係で、動きに対して大げさにいえば鈍感である。表現を変えると細かいことは気にしない。つまり、反発が優しく、追従しやすく、相手に悟られにくい。そのため食い込みのよいサオになる。そこから聞きアワセ、向こうアワセの釣りに向き、「乗せ調子」とも呼ばれる。操作のしやすさも特徴である。

　また、先端の数センチを素材構成が異なる別のものに継ぎ替える芸当も可能になる。最近はショートソリッドにして、感度を上げる工夫も多い。これによって感度と食い込みのよさの両立を図る動きもある。

　感度と食い込みのよさはシーソーのような関係であるが、そこを技術面で解消しようとしているわけだ。

　最終的には自分の好み、フィーリングで決めてよい。どちらが優れているということはない。

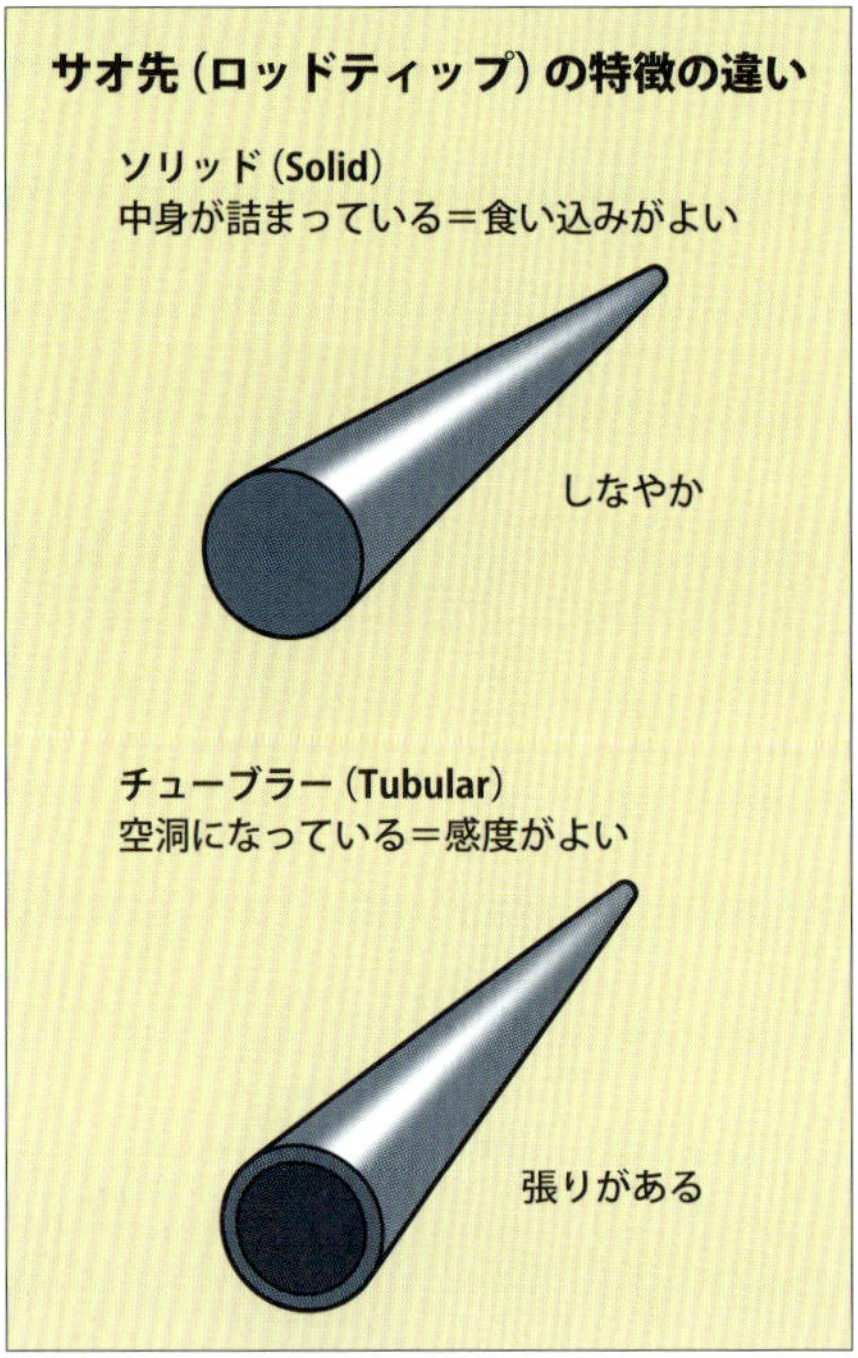

ドラグや2本継ぎロッドにまつわる悲話

釣りに行くときの高揚感といったらない。とりこになっている間はまさに夢を見ていられる。だが、冷静さを欠きすぎると痛い目に遭うこともある。タックルの主要をなすロッド、リールについても思わぬ落とし穴があり、しっかりしてないと、ウカれているだけじゃだめだな……というところがある。

といってもそれは自分が気をつけていれば回避できる、ごくごく初歩的な部分だ。

ソルトルアーの場合、ロッドは2ピース、ものによっては3ピースやバットジョイントのタイプもある。バットジョイントはワン&ハーフなどとも呼ばれる（バット側のピースが極端に短い）。

余談だが令和を迎えた今日、ワンピースロッドや長い仕様の2ピースは宅配が難しくなり、そもそも受け付けてくれないか、可能でも送料がかなり高額になりつつある。

話を本題に戻すと、2ピースロッドを携えて意気揚々と釣りに行ったとする。山道を歩き、林を抜け、ヤブを漕ぎ地磯に降り立った。汗を拭う間も惜しみタックルを組もうとしたそのとき、元ザオとサオ先が別のものだったという、にわかには受け入れがたい現実に直面する。

そう、2ピースロッドではこうしたうっかりミスがある。単に間違えただけで釣りができない。車に予備ザオを積んでいれば、最悪、戻れば釣りに復帰できるが、体力の無駄遣いという代償を伴う。これが渡船などを利用した沖磯釣行だった場合、もはや取り消しがつかない。

リールもハンドルが違うと、その時点でジ・エンドになる。

リールに関してはまだある。

⬆2ピース、間違えただけで釣りができない

タックルの準備が整い、首尾よく釣り始め、幸先よくアタリがあったそのとき、思いきりよく合わせたはいいが、ドラグがユルユルでまったくアワセが利かず、みすみす逃がしてしまったというミスだ。

その逆、ドラグを締めすぎていて、幸か不幸か掛かった相手がモンスタークラス、最初のひとのしで一発ライン切れ、それだけではすまずにメインシャフトがゆがんで修理行きになった……などの笑えない話もある。

前回釣行から帰ってリールの汚れを洗い流したはいいが、ドラグを締めて洗ったあとで緩めるのを忘れたり、緩めたはいいのだがそのままになっていたりということが、次の釣行時にアダとなる。

日頃の整理整頓、しっかり完結させる後始末、あるいは入念な準備は、釣りのうえでも大切というわけだ。

よくある質問 etc. 05

知っておきたい遊漁船、瀬渡し船のマナー

⬆渡礁時はまずは焦らないことが第一歩。初めてなら「初めてです」と堂々と伝える。どんなベテランもはるか昔に初めての日があったのだから。また、特に暗いうちは舳先に棒立ちでいられると船長が見えにくいので腰をかがめておく

遊漁船も瀬渡し船も釣行日の数日前に予約を取る。人気遊漁船の場合、1年前に予約で埋まっていたり、任意の日に1年先の予約を受けるところもある。

いずれにしても事前予約が原則だ。その際、希望する釣りものや釣り方を伝えておく。名前や連絡先、人数も忘れずに。

遊漁船は季節によって案内してくれる釣りものが変わり、最初に予約した人が希望する釣りもの、ジャンルになるところがほとんどなので、予約時に自分の希望になるか否かの確認は一応しておくほうがよい。

そして釣行前日の夕方、気象庁が明日の天気概況を伝える17~18時過ぎに再度電話を入れて出船かどうかを確認し、出船の場合は時間も聞く。予約や確認の電話は、夜間はかけないのがマナーだ。船長は深夜から稼動するため、夜は早い。

沖磯へ案内してくれる瀬渡し船は、各釣り場にそれぞれ釣り客を渡していく。安全に注意していないと落水したり、釣り具を落とす可能性もある。

そのため、船に乗り合わせた客同士で荷物リレーを行ない、それぞれの瀬着けが速やかに終わるように協力し合う。磯に渡ったら自分の荷物がすべてあることを確かめ、船長や舳先（ホースヘッド）にいる世話役（ポーター）にOKサインを返し、回収時間を聞く。

問題がなければ船は瀬から離れていく。また、シケているときは船がウネリでせり上がってくることがあるため、瀬着けが完了するまで安全な場所にいること。船に乗り込んだり、降りたりするのは完全に動きが止まってからでよい。

釣り場にはゴミを残さず、食べ残しも持ち帰る。大便は古新聞やチラシなど紙の上にして、釣りに差し障りのない場所から海に放てば自然に還る。磯の死角は荒天時の雨風避け、飛沫避けになる。そんな日の貴重なスポットで大便を目にしたときは怒りに似た感情に支配される。

釣り終えて港に戻ったら料金を支払って帰途につく。無事に帰宅するまでが釣りである。

遊漁船も荷物リレーを行ない、スムーズに出船できるように協力し合う。

遊漁船には湯沸かしポットや電子レンジがあるところも多い。利用したい場合は船長にたずねよう。エンジンを動かしていないと利用できない場合もある。

またカップ麺の水などは自由に使えるところもあるが、自分が使う分は用意しておく。

遊漁船も港に戻ってから精算する場合が多く、支払い忘れずに帰着する。

沖釣りも岸釣りも安全はまず足元から

沖も堤防も磯も水辺はとかく濡れていて、滑りやすい。

デッキの上はデッキシューズでも滑ることがある。特に、よく釣れているときは魚のヌメリでグリップが利かない場合も多い。デッキに限らず、釣りで滑らないシューズを履くことは自分の命を守ることになる。

ボートなら落水してもすぐに助けてもらえるが、磯では無傷ですむことはない。打ちどころが悪いと気絶したり、海に落ちれば潮の流れにさらわれる。シケていれば寄せ波で全身を岩に打ちつけられる可能性も高い。

堤防は一見安全に感じられるが、消波ブロックの隙間に落ち、そこが水の中だと想像するだけで恐い。外海に面した防波堤の外側には隙間だらけの大きな消波ブロックがあり、別名「人食いテトラ」と呼ばれたりする。

それもこれも足元の安全を確保することで、危険から遠ざかることができる。

船釣りに適したシューズは釣具メーカーからさまざまなタイプが発売されているほか、厨房用のクロックスや白い長靴、あとはギョサンも滑りにくい。ギョサンはトイレで使われることが多いが、発祥は小笠原で漁師の愛用品だ。

磯はシューズ、ブーツにしてもスパイクもしくはフェルトスパイクがよく、岩のりに覆われているとどのタイプのシューズもグリップが利きにくい。コーヒーを入れていたり、釣り具店やホームセンターでドンゴロスという名称で売られている麻袋を敷いて対策を講じたい。

堤防はスニーカーでよいが、消波ブロックでは不安があるので、靴底がハイパーVソールなど耐油、耐滑性のものがよい。

そして、いずれもすり減ったり、経年劣化が避けられないため、早めの買い替えが安心だ。

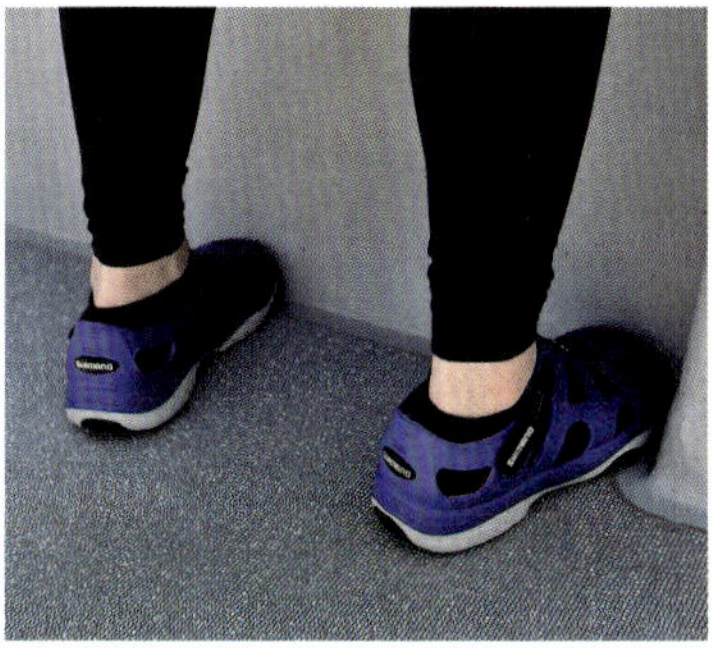

⬆踏ん張ったときに滑ったときの勢いはなかなかのもの。弾みで海に落ちないように気をつけておきたい

⬆磯はフェルトスパイクが支持されている。ただし、履き始めはスパイクが立ちすぎてかえって滑りやすい場合もあることを理解しておきたい

⬆耐油、耐滑性ソールのスニーカーはホームセンターで購入可能。リーズナブルな値段なので1足持っておくと重宝する

使ったルアーの賢い片付け方

使用ルアーが1個ですむというのはよほど特殊な釣りか、超がつくほどの短時間釣行くらいのもので、いくつものサイズやタイプを取っ替え引っ替えするのが通常のルアー釣りである。どんなに少なくても3～5個は使っているものだ。

ルアーをローテーションさせるときは、明確な使用意図を持っているのが理想である。使用意図はねらいや戦略とも言い換えられる。

しかし、いつもそんなふうに戦略が立つものでもない。漠然とした状況に、ただなんとなく替えてみよう、理由は自分でもわからないが直感で交換という場合もある。それでも、1個のルアーで釣れない状態をずっと続けるよりはいい。ルアー交換を繰り返すなかでアプローチがひらめく場合だってある。

釣れるためにはどうすればいいか……と暗中模索する過程で、使ったルアーを元のケースに仕舞っていると自分が使用したルアーの足跡は残らない。

そこで、小さな空のケースを持参しておき、そこに使ったルアーを収めていく。すると自分がその日使用したルアーが溜まっていき、何を使ったかが一目瞭然である。

⬆オフショアで使ったジグをケースに入れ、そこに水を張れば潮抜き完了。オフショアは荷物を持ち込みやすいので空のケースを持参するくらいなんでもない。岸釣りだとちょっと手間だが、それよりも携行するメリットのほうが大きい

そればかりか、使用後に潮抜きするときもそのケースごとまとめて洗えば手間がかからない。ルアーを替えるときに元のケースに収めていくと、水滴や潮の塩分が他のルアーやケース内に回り、時間の経過でハリやリングがサビたりもする。潮はなんとなくベッタリしているので、ケース内のその日使っていないルアーまで全部水洗いという羽目にもなる。

使ったルアーだけ洗うのと持参したルアー全部を洗うのでは、その労力にはなかなかの違いがある。

布やEVAが使われている餌木ケースなどでは、海水がしみ込んだ部分にカビが生えることもあるため気持ちのいいものではない。

こんなふうに使ったものだけをまとめていくだけでも釣りのプロセスや釣行後の片づけが変わってくる。

出掛ける前にわかる釣りにいい日と悪い日

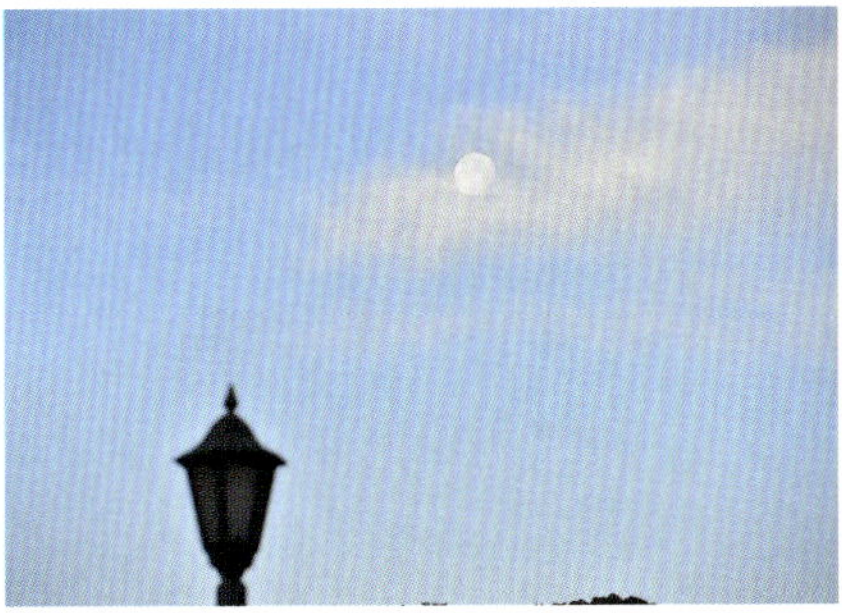

↑月の引力が潮の干満を起こし、月明かりが夜の行動に関係している。日中に釣りをするなら、満月で明るい夜が続くときよりは、新月回りの暗い夜が続くときのほうがよい

釣行前にわかるのは、天候、波高、風速、風向といった気象に加えて潮回りや干満時刻、潮位差などの海象、こだわりのエギング愛好者は月の出と月の入りまでチェックする人もいる。つまり、魚を取り巻く環境については調べがつく。釣りがしやすい日かどうかもわかる。

わからないのは魚の状態で、ここでいう魚とは本命とベイトフィッシュの2つがある。それらの動きが最も肝心だが、取り巻く環境から推測は可能だ。

一般的に、潮が動くほうが魚の活性は上がりやすい。光量も少ないほうが魚の警戒心は薄くなる。ベタナギよりも多少波風があるほうが上層への意識は高くなる。そして、潮回りや干満時刻が魚の動きに深く関係する。

潮がよく動くのは潮回りが大きな大潮や中潮といわれる。ただし、大潮では沖の潮だけがよく動き、岸寄りはほとんど動かないまま潮位だけが変わることがしばしばある。そんな状態だと得てして沿岸の魚の動きは鈍く、好反応は得られにくい。

また、満月の大潮は月夜が明るく、フィッシュイーターは夜に活発に捕食行動を取るといわれる。漁師さんの中には、満月大潮の日は1泊2日で街に繰り出す人もいる。理由は魚が夜に動くから昼は釣れないそうだ。

雨や曇天で月がずっと隠れていた、なんていう場合はちょっと事情が変わり、日中もまずまずの反応だったりする。

逆に、潮の動きが鈍い若潮や長潮は一般的に釣りにはあまり向かない日といわれる。もっとも、潮の動きが緩慢なため、時合が長くなるという人もいる。釣り場によっては、いつも流れが速いから、ゆっくり流れてくれる日こそ釣りやすく、チャンスを拾いやすいところもある。

こうした経験談から透けて見えるのは、普段の釣り場の状態をよく知っているところだ。地形だけでなく、その釣り場における流れをよく心得ている。

もちろん、流れは上げ下げで変化する。一般的に、上げから下げ、逆の下げから上げへの潮変わりは魚が動きやすく、集中して釣りをすべきだ。あとはこれもよく言われるが、「満潮からの下げ」や「上げ七分の下げ三分」はチャンスになりやすい。

ちなみに「満潮からの下げ」も「上げ七分の下げ三分」もタイミングは重なる部分が多い。

各潮回りを身をもって知り、それらを含めて釣り場を把握するほど予測は立ちやすい。

条件がよくなる日をおしなべて考えると、新月前後の中潮が釣りには向いていると考えられ、これは月に5日ほどある。

魚の保存方法

釣りたての魚が食べられるのは釣り人だけの特権である。帰宅するまでばっちり鮮度を保ちたい。そのためにさまざまなことが考案された。

その前に、どう魚を締めておくかというテーマもある。エラブタを切って水を汲んだバケツに浸けて体内の血を抜く方法。ナイフでエラブタを切り、そのまま脳天に刺して絶命させ、尾バチ（尾ビレの付け根から数センチ頭部側の側線）にも一刺し、2ヵ所開けることで血を抜く方法。締めて血抜きしたあとに魚の眉間や鼻腔からステンレス鋼線を挿入して脊椎の神経を抜き、死後硬直を遅らせる神経締め。最近は特殊なノズルでほぼ完全に血を抜く津本式血抜きという方法も、一部の先進的な釣り人の間で注目されている。

さて、鮮度保持の第一歩はまず冷やすこと。氷をたっぷり入れたクーラーに海水を注ぎ、釣果を浸すと一気に冷える。よく冷えたら海水を抜き、冷えた状態を保ち持ち帰る。その際、氷と魚体が直に触れないように、ビニール袋、古新聞などでワンクッション置き、氷のそばに魚体があるとよい。さらに、釣果が多いときは冷え方にムラが出るため、クーラー内を一様に冷やすのが望ましい。

温かい空気は上に、冷えた空気は下に下がる。そのため上に氷で下に釣果があるとよいが、氷の重みで身を圧迫しかねないし、解けた水で一部の魚体が水浸しになる。それを防ぐにはスノコなどを敷く手もあるが、クーラー上部を冷えやすくすれば、下に氷を敷き詰め、魚体を乗せても庫内全体が冷える。

そこで役立つのがステンレス板だ。薄く軽いため、内部に貼っても庫内を狭くしない。金属はすぐ冷えるし、すぐに板全体に回る。氷の持ちもよくなる。

↑マダイにヒラメ、根魚に青もの……美味魚てんこ盛りでクーラー満タン。海水を注いで潮氷にして魚体全部を冷やす。充分に冷えたら水を抜いて持ち帰る。軽くなって持ち運びやすく、冷えた状態も保てる

↑より万全に冷やしたいときは氷に塩を振りかけると化学反応で温度が一気に下がる

↑厚手のビニール袋は持ち運びの点でも氷に直に当たりにくくなる点でも使い勝手がよい

↑クーラーのふたや内壁にステンレス板を貼ると冷気が庫内全体に回る

ルアーに シンカーを貼って 調整する手もある

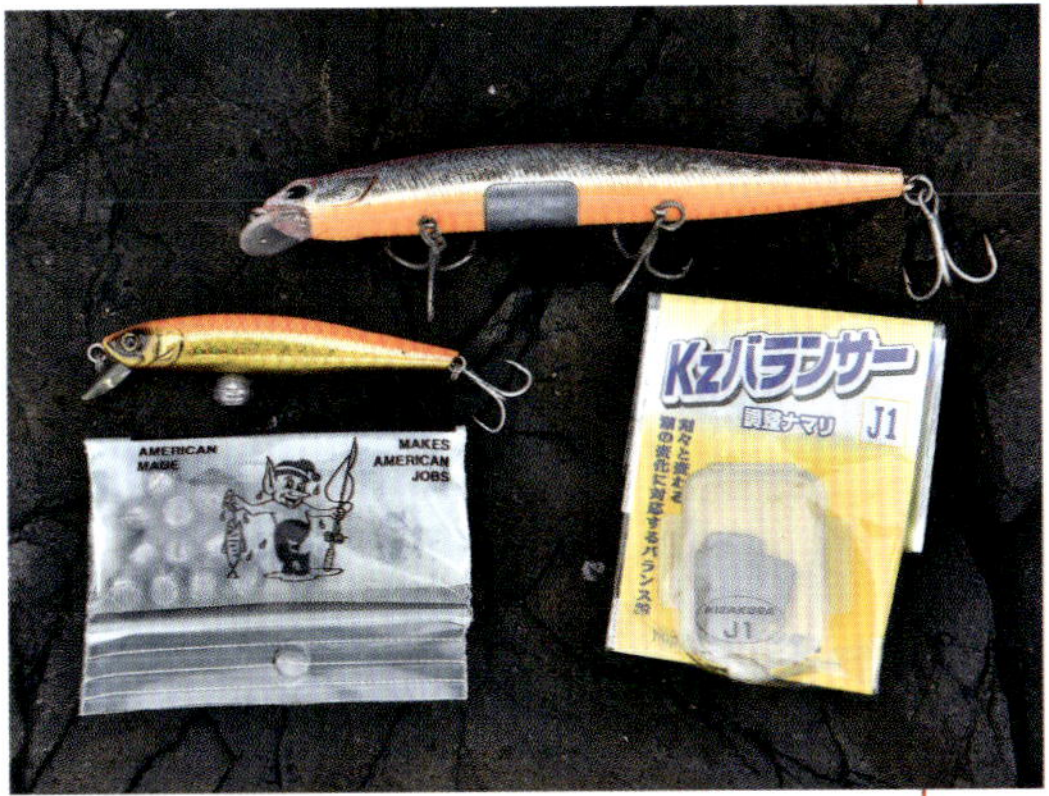

⬆ボディーに板オモリを貼り付けたり、フックを外したところにカミツブシオモリを装着するなど、手法はさまざま。これによって引ける層や動きのバランス、安定化を図れる

⬅クロダイ釣りで考案されたMリグは前方のフックを外したところにオモリをセットして底をズルズルと引いてくる。広島で誕生し、全国に広まった

磯から釣るとき、ナギから風が強くなりシケ始めた状態になると、寄せては返す波のリズムに加えて波が暴れたようになり、ルアーの操作が難しくなる。サーフやゴロタだと、ウネリが入ると波の上下動が大きくなり、ルアーを一定の層でとどめるのが難しくなる。

そんな場合はルアーに一工夫して対処する。

その1つがルアーのボディーにシンカー（板オモリ）を貼る方法だ。こうすると重心が下がり、重みが増したことで吃水も下がり、安定化する。オモリを貼り付ける位置は中心部が無難で、頭部や尻など、両端は動き方が大きく変わりやすい。もちろん、状況やねらいによってはそうした場所に貼るのもゼロではない。いずれにしても貼ったあとは一応動きを確認するのが前提だ。

北日本の海アメ、海サクラをねらったミノー使いではハリのタラシ部分にカミツブシオモリをセットする調整法もある。

飛距離の点でもオモリの貼り付けはプラスに働く。磯のフカセ釣り用に販売されている、ウキに貼り付けるテープ付き板オモリはすぐに使える。ハサミでカットできるため、微調整しやすく、不要になったらすぐにはがせるのでとても便利だ。

参考までに、もう1つの調整はフックの交換である。重くしたいときは太軸タイプや大きいサイズにすればよい。こうすると飛距離の点でも貢献してくれる。ただし、そのときにきちんと見ておかねばならないのは、ハリとハリが大きくしたことによって絡み合わないかどうかと、食いについてである。

ハリを変えたこと、太軸にしたことで掛かり方やフッキング率が低くなったら、元のフックに戻すほうが無難である。

クロダイのジャンルでは、ミノーのフロントフック部分にオモリをセットして、底を確実にキープしながらルアーを引き、クロダイを誘うアプローチがある。Mリグと呼ばれ、これも効果的なシンカーチューンの1つである。

地磯やオカッパリ釣行は車上荒らしにご用心

地磯のよさは、自分の都合に合わせて好きな日に、好きなタイミングで行けるところにある。ということは、同じように誰でもそこに行けるわけだ。

そして、地磯釣行の多くは、できるだけ海岸線に近いところに車を停めて海に出る。そんなに都合のよい場所がたくさんあるわけもなく、駐車する場所は自ずと決まってくる。

車を降りて支度をすませると釣り場に向かう。場所によっては山の上に車を停めて、斜面を下っていく。ほとんどが海に出るまで時間と労力を要し、釣り始めたら歩きながら探っていく。つまり、車からはどんどん離れるばかりですぐに戻れない。もちろん釣りをしている最中に車のことを考えている余裕などないだろう。

地磯自体には人影がない。振り返ってもヤブや木立など死角も多い。さらに、釣りをしているときは海辺で波の音に包まれている。

こうしたことから、車内に置いてあるタックルがねらわれやすい条件が整ってしまう。特に、高級機種はたとえ中古でもいい値がつく。

よって、ひと気のない場所に車を停めて、離れて釣りをする場合は、車内に釣り具を残さないことが一番だ。もちろん、貴重品を放置するのも大変危険である。どうしても予備のルアーやタックルがあり、持って行けない場合は、車外から見えないように布を被せたり、見えにくい場所に置くこと。

防犯器具を活用するのもいい。大きなアラームが鳴る警報装置や、エンジンを切っていても作動するドライブレコーダーも有効である。

また、地磯に限らず、堤防でも駐車スペースから釣り場までが遠いところ、駐車スペースが人の目から隠れやすい場所、夜間帯は車内放置に気をつけておきたい。

車上荒らしが頻発していたり、つい最近あったりした場合にはSNS等で情報を拾うこともできるだろう。

最後に、どんな場所に駐車するにしても、この車にはめぼしいものが何もない、そんな状態にして、未然に車上荒らしを防ぐことが一番である。

⬆そのヤブの向こうに駐車してある車の中の高級タックルが、何者かにねらわれている……。まず、そうならない状態にすることが大切だ（写真はイメージ）

沖磯瀬泊まり釣行備品リスト 春夏編

・タックルは1組として記載
・荷物は小分けに個数を増やして、重さを分散させたほうがよい。大きく分けると重くなり、瀬上がりの荷物リレーの際に手間取ることがある。

（秋冬編は「ブルーオーシャン戦略」を参照）

□ロッド
□リール
□替えスプール
□予備ライン
□リーダー
□予備リーダー
□一軍ルアー
□予備ルアー
□食材確保用ルアーあるいはエサ及びそのタックル
□フック
□リング（スプリット、ソリッド）
□ゲームプライヤー
□ハサミ
□リリーサー（根掛かり用）
□フィッシュグリップ
□グローブ
□レインウエア
□パーカー等薄手のミドラー
□ハッカ油
□蚊取り線香か殺虫剤
□汗拭きシート
□替えソックス
□替え下着（使わないケースが多い）

□偏光グラス
□ライフジャケット
□ドンゴロス（足元がノリで滑る釣り場用や釣果キープ用）
□ランディングツール（タモ網やギャフ）
□ヘッドライト
□予備ライト
□ライト用電池
□クーラー
□ストリンガー
□食料
□飲料（粉末式含む。個人差、天候によるが真夏は1日で4ℓほどあるほうがよい）
□真水
□空きのペットボトムを持参し、それに移し替えて飲み物を携行する
□ストーブまたはジェットボイル（調理用）
□鍋またはヤカン
□予備燃料
□缶詰
□カップ麺

□ライター
□お酒
□携帯電話
□携帯電話予備バッテリー
□軍手（熱いものを扱うときに便利）
□新聞紙（多目的用。大の用を足すときは下に敷き、包んで処分すると磯の上は何事もなかったかのようである）
□トイレ用のティッシュ
□エマージェンシーシート
□歯ブラシ＆歯磨き
□タオル
□手拭き用アルコール
□痛み止め
□常備薬
□酔い止め
□割り箸
□短パン＆長袖Ｔシャツ（磯ではなく船中泊する場合）
□デッキサンダル（磯ではなく船中泊する場合）
□耳栓（行き帰りの船中で寝るとき用）
□アイマスク
□サビキ（船中泊の際、船べりから釣る）
□オモリ（船中泊の際、船べりから釣る）
□テント（人による）
□シュラフ（人による）
□ブルーシート（人による）
□ロープ（人による）
□ハーケン（人による）
□ ハンマー（人による）

⬆夏の磯の蚊は虫除けスプレーでは歯が立たないことのほうが多く、蚊取り線香もしくは殺虫剤でちょうどよい

⬆磯にはこうした底もの釣りの固定金具が残っており、つまずかないように注意する

➡次にここを訪れる人のためにも、食べ物やパッケージなどゴミは残さずにきれいな状態で引き上げたい

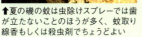

プラグ及びハードルアーの
主な種類 ①

スズキ科やアジ科に属するいわゆる回遊魚は、エサとなる小魚への依存度が高いことが特徴の１つであり、その名のとおり動き回る傾向にある。そのあたりがプラグを筆頭とするハードルアーや和製ルアーとの相性のよさにつながっているのかもしれない。

ペンシルベイト

水面に浮き、下にいる魚を誘い出すプラグ。写真は頭部が大きく設計されたダイビングペンシル。このタイプはサオで操作したときに海中に潜ってジグザグに動き、青ものなどの魚食魚を誘う。浮き姿勢によって動きの質が変わる

ペンシルポッパー

小さめのカップと細長いボディー設計によって、ポッパーとペンシルベイトの特徴を併せ持つタイプのルアー。使い方は、ペンシルベイトやポッパーと同様にサオをテイクバックさせ、同時にイトのたるみを作り出してアクションさせる。イトの張りっぱなしではかえって持ち味を活かせない

プラグの種類はさまざまあるが、樹脂やプラスチック、木製ゆえ、多くは表層、上層、深くても中層までが守備範囲と考えてよい。バイブレーションは下層や底層に沈ませられるが、水深次第ではそれなりに時間がかかる。そこを補うのが金属製のメタルバイブレーションやメタルジグだ（P108～109 参照）。

ポッパー

頭部に水を受けるカップが設けられ、アクション時に水を攪拌（かくはん）して音と泡や飛沫（バブリング）で魚にアピールし、ボディーをその中に紛れさせることでヒットに持ち込む。ポッパー＝夏のイメージだが、周年使える

スイッシャー

プロペラが搭載された表層プラグで、後方のみ、前方のみ、前後両方の３タイプがある。ルアーを引いたときにプロペラが回転し、水の攪拌とシャリシャリという独特の音で誘ってくれる。クロダイやブラックバス用のルアーに多い

プラグ及びハードルアーの主な種類 ②

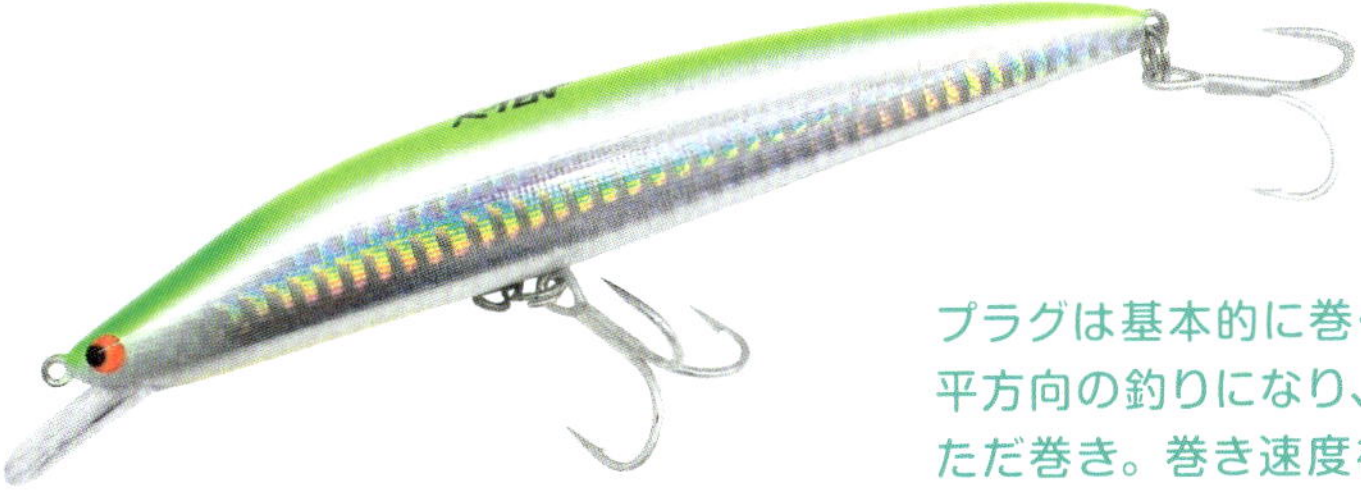

フローティングミノー
ルアーといえばリップが付いた形状をイメージするが、リップ付きルアーはミノーやクランクベイトの類で、むしろリップのないタイプのほうが多い。リップがあると、ここに水が当たることで潜行する。巻くのを止めると浮くところがフローティングの特徴の１つ

プラグは基本的に巻く釣り、水平方向の釣りになり、操作法はただ巻き。巻き速度を変えるだけで反応に違いが出る。そのほかのアレンジはトゥイッチ、ストップ＆ゴーなど。重心移動タイプは飛距離が出せ、固定重心は泳ぎ出しのよさが強みだ。

リップレスミノー
斜めにカットされた頭部がリップの代わりに水を受け、潜行するが、水の抜けがよいため水面直下を水平に引いてくることができ、イレギュラーなアクションを起こすところも持ち味。水面直下はサブサーフェスとも呼ばれ、シーバスやヒラスズキでは重要な層になる

ミノーの動きは強い波動を出すウォブリング、抑えめの波動のロール、その中間のウォブンロールとある。ウォブンロールは巻き速度の違いによって動きの質が変わる。低速はロールでも高速巻きはウォブリングになるという具合だ。

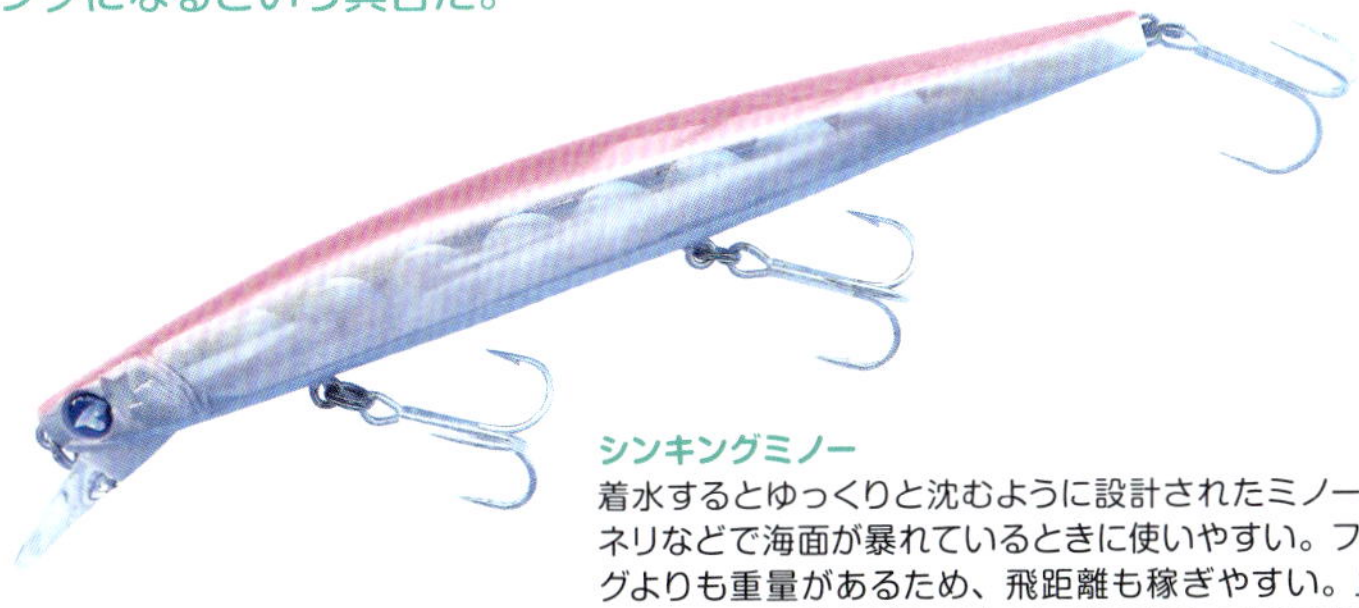

シンキングミノー
着水するとゆっくりと沈むように設計されたミノーで、風やウネリなどで海面が暴れているときに使いやすい。フローティングよりも重量があるため、飛距離も稼ぎやすい。止めると沈むため、その動きが魚の動きにどう影響するかを確かめたい

プラグ及びハードルアーの主な種類 3

小さいものは25㎜あたりから大きいものは270㎜あたりまで。これで近場の小ものから遠征の大型まで、国内のさまざまな対象魚が釣られている。

シャッド

ソルトルアーではあまり多くないが、シャッドもある。ミノーとクランクベイトの中間的なプラグで、シーバスやヒラスズキで使われる。シーバスがテナガエビを食っているときに強い

時に飛沫に紛れさせ、時に流れに同調させ、時に浅い底の砂を小突いて煙幕を巻き上げながら巻きで誘っていく。

シンキングペンシル

沈むタイプのペンシルベイトだが、動かし方や役割はトップウォータープラグのペンシルとは異なる。シンキングペンシルは流れに乗せて漂わせられるルアーで、風がある日や波っ気がある日にも使いやすい

ジグミノー

メタルジグとミノーの要素を併せ持つプラグで、メタルジグ並みの飛距離を出しつつも、金属ほどの沈下速度ではないところが特徴。ミノーの名を持つが、リップはないものがほとんど。シンキングプラグとも呼ばれる

メタルジグ

金属製の棒状や木の葉状のハードルアー。ただ巻きでも釣れるものの、自分でアクションを加えるのが前提だ。重心違い、左右非対称などの形状設計の違いのほか、鉛、鉄、タングステンなど、さまざまな金属が使われている

プラグ及びハードルアーの
主な種類
4

バイブレーション
こちらはプラスチックや樹脂製。よく飛び、巻くと小刻みに震えて魚を誘ってくれる。いろいろな魚が釣れるため、万能プラグといえる

深いところまで沈めたあとに巻き上げて斜めの軌道で探ったり、泳ぐ層を保って探り、それが上層、中層、下層のいずれでも可能なところがバイブレーションやスピンテールの強み。

メタルバイブレーション
こちらは金属製。プラスチックや樹脂製よりもよく飛ぶ。沈みも速い。巻くとオートマチックに魚を誘ってくれる。そうした特徴から泳ぐメタルジグともいえる。岩などにぶつけると変形する可能性があるため、注意する

スピンテール
回転板が反射と波動を生み出してくれるため、これもオートマチックに釣れるルアー。ただし、抵抗体となる部分が多いため、飛距離はバイブレーションのほうが出る

プラグ及びハードルアーの
主な種類
5

スプーン
ルアーの起源といわれるルアー。サケ、マスに非常に高い効きめがあるほか、近年はマダイ釣りにも使われ、沖のスーパーライトジギングの新たな戦力としても期待されている

スピナー
これもサケ、マスに非常に高い効きめがある。ただし、軽量タイプがほとんどであるためライトゲームのカテゴリー。このルアーにも回転板が搭載され、巻くだけでよい

ルアーはよくアピール系とナチュラル系に分類されるが、どちらで誘うにしても素材の硬度や巻いたときに見せる動き、大きさ、後づけするアトラクター、そして巻き速度やロッドアクションといった使い方次第で加減できる。

チャターベイト
バスフィッシングで多用されるルアーだが、これもクロダイやマゴチなどソルトで使われるようになってきた。巻くと頭部の金属板が水を受け、千鳥足のような不規則な動きを見せる。トレーラーとしてワームをセットすることが多い

漁具由来のルアーの
主な種類

ルアーは西洋から入ってきた釣り具で、数回のバスフィッシングブームを経てすっかり日本に定着し、ソルトの分野はシーバスを筆頭に発展してきた。だが、国内にも古くから漁で使われてきた擬似餌が存在する。それらはいわば和製ルアーとして使われ、大きなムーブメントも起こしている。

タコ餌木
ボディー形状はアオリイカに使う餌木に似ているが、ハリの形状と太さが異なっている。また、シャクリ上げたあとに沈下させるのが餌木の基本的な使用法だが、タコ餌木は底をズルズルと引きずるのが基本使用法

餌木
アオリイカを釣る漁具で鹿児島県や高知県、和歌山県など、国内各地に発祥地がある。これは、回遊魚を漁師が追って各地を転々とするうちに広まっていったと考えられている。大小やオモリの形状など、細部に多少の違いはあるものの、全体のシルエットやパーツの配置は変わっていない

タイラバ
タイカブラをヒントに登場したルアー。以前は固定式だったが、現在はシンカー部分が遊動式のものが一般的になった。タイラバの初期はハリにエサ（エビ）を付けることが多かったが、現在、その手法はエビラバと呼ばれ、タイラバと区別されている

インチク
第１次タイラバ・ムーブメントのときにインチクも注目を浴びた。ただ巻きがセオリーのタイラバに比べてインチクは、速巻き、ジャーク＆フォール、ボトムノックなど、使い方が自由で、いろいろな魚が釣れ、その実力はタイラバ以上と評価する人も多い

スッテ
ケンサキイカ、ヤリイカ、スルメイカを釣るためのもので、浮くタイプと沈むタイプとがある。布が巻かれているのは、イカが触ったときのことを考えているためといわれている。似たものにプラスチック製のプラヅノがある

ツノ
元は鹿などの角を削り出して作られていたため、なごりとしてがネーミングに角（ツノ）が使われている。現在はプラスチックボディーに羽根などをあしらったものが多い。カツオやサワラといった回遊魚に用いられる

基《き》本《ほん》を知《し》り、応《おう》用《よう》を知れば百《ひゃく》戦《せん》危《あや》うからず
ルアーフィッシング　レッドオーシャン戦《せん》略《りゃく》

2019年9月1日発行

編　者　つり人社書籍編集部　編
発行者　山根和明
発行所　株式会社つり人社

〒101－8408　東京都千代田区神田神保町1－30－13
TEL 03－3294－0781（営業部）
TEL 03－3294－0766（編集部）

印刷・製本　図書印刷株式会社

乱丁、落丁などありましたらお取り替えいたします。

ISBN978-4-86447-339-2 C2075

つり人社ホームページ　https:／／www.tsuribito.co.jp／
つり人オンライン https:／／web.tsuribito.co.jp／
釣り人道具店　http:／／tsuribito-dougu.com／
つり人チャンネル（You Tube）　https:／／www.youtube.com／channel／UCOsyeHNb_Y2VOHqEiV-6dGQ